A MEDIUNIDADE
SEM
LÁGRIMAS

ELISEU RIGONATTI

A MEDIUNIDADE
SEM
LÁGRIMAS

Editora
Pensamento
SÃO PAULO

Copyright © 1981 Editora Pensamento-Cultrix Ltda.

1ª edição 1981.

30ª reimpressão 2017.

Todos os direitos reservados. Nenhuma parte deste livro pode ser reproduzida ou usada de qualquer forma ou por qualquer meio, eletrônico ou mecânico, inclusive fotocópias, gravações ou sistema de armazenamento em banco de dados, sem permissão por escrito, exceto nos casos de trechos curtos citados em resenhas críticas ou artigos de revistas.

Direitos reservados
EDITORA PENSAMENTO-CULTRIX LTDA.
Rua Dr. Mário Vicente, 368 – 04270-000 – São Paulo, SP
Fone: (11) 2066-9000 – Fax: (11) 2066-9008
E-mail: atendimento@editorapensamento.com.br
http://www.editorapensamento.com.br
Foi feito o depósito legal.

CONSELHOS OPORTUNOS

As páginas que se vão ler tratam de um dom profundo do Espírito humano encarnado: o dom da mediunidade. Por meio dele entraremos em contato com os Espíritos, ou seja, com os desencarnados, aqueles que já, em corpo carnal, habitaram a Terra, conviveram conosco, e partiram para a pátria espiritual, invisível para nós.

E como o explorador terreno que, antes de se aventurar a uma região desconhecida e que lhe compete explorar, aparelha-se com os petrechos e informações que lhe facilitem a tarefa, e o protejam dos riscos a que possa estar exposto, assim aquele que vai contatar-se com os Espíritos deve precaver-se contra os perigos a que se expõe. Posto que não sejam instrumentos materiais, são, contudo, de suma importância, e sem os quais poderá frustrar-se em sua tarefa.

Os instrumentos a que nos referimos são: intelectuais, morais, espirituais, e materiais.

Os instrumentos intelectuais resumem-se num só: o estudo.

O estudo das obras básicas da Doutrina Espírita deve ser uma constante na vida do médium; Kardec, Delanne, Dénis, Bozzano, oferecem as bases reais do Espiritismo, a que se juntam atualmente as obras de novos autores, quer nacionais, quer estrangeiros através de excelentes traduções, e publicadas por editoras de alta responsabilidade. O estudo desenvolve no médium o discernimento, isto é, a capacidade de julgar.

Os instrumentos morais consubstanciam-se na conduta do médium; uma conduta moralizada protege-o contra os Espíritos ignorantes e maldosos, que porventura procurem embaraçá-lo no desempenho de sua mediunidade, e fá-lo contar com o auxílio dos bons Espíritos. Onde quer que esteja, o médium deve ser um exemplo de moralidade, porém, sem afetação. É importante que se livre de vícios, por menores que sejam. É essencial também que o médium não se engolfe demasiadamente na vida social. Uma vida social intensa poderá trazer-lhe perturbações, além de interferir em seus deveres espirituais.

O instrumento espiritual de que o médium deve munir-se é a fé. Não a fé cega, fanática, que a nada conduz, nada ilumina, nada constrói; mas a fé raciocinada, a fé que não duvida, e não duvida porque sabe, e sabe porque estuda. Como diz Emanuel em seu livro "Fonte Viva": "A fé, na essência, é aquele embrião de mostarda do ensinamento de Jesus que, em pleno crescimento, através da elevação pelo trabalho incessante, se converte no Reino Divino, onde a alma do crente passa a viver." E Kardec, em seu "O Evangelho Segundo o Espiritismo", nos ensina: "A fé robusta nos confere a perseverança, a energia, e os recursos necessários para a vitória sobre os obstáculos, tanto nas pequenas, quanto nas grandes coisas."

Por instrumentos materiais entendemos o trabalho do médium para ganhar honestamente o seu pão de cada dia, segundo sua profissão, evitando ambição excessiva, e desejos imoderados. Ao médium não é proibido lutar para ter mais e melhor, materialmente falando; entretanto se conseguir pouco, contentar-se com esse pouco; se for agraciado com riquezas, lembrar-se continuamente de que não é mais do que um mordomo dos bens do Senhor; evitará assim o peso das preocupações materiais, um tropeço ao bom desempenho mediúnico.

De outras precauções que o médium deve tomar, falaremos no decorrer dos próximos capítulos.

O AMOROSO APELO

    Venho eu, vosso Salvador e vosso Juiz. Venho, como outrora, aos filhos transviados da casa de Israel. Venho trazer a Verdade e dissipar as trevas. Escutai-me: o Espiritismo, como outrora a minha palavra, tem de lembrar aos materialistas que acima deles reina a imutável Verdade: o Deus bom, o Deus grande, que faz germinar a planta e que levanta as ondas.
    Revelei a doutrina divina. Como o ceifeiro, atei em feixes o bem esparso na humanidade e disse: — *Vinde a mim vós todos que sofreis!*
    Mas, ingratos, os homens se desviaram do caminho reto e largo que conduz ao reino de meu Pai e se perderam nas ásperas veredas da impiedade! Meu Pai não quer aniquilar a raça humana; quer, não mais por meio de profetas; não mais por meio de apóstolos, porém que, ajudando-vos uns aos outros, mortos e vivos, isto é, mortos segundo a carne, porquanto a morte não existe, vos socorrais e que a voz dos que desencarnaram se faça ouvir, clamando-vos: — *Orai e crede. A morte é a ressurreição. E a vida é a prova escolhida, durante a qual, cultivadas, vossas virtudes têm de crescer e de se desenvolver como o cedro.*
    Crede nas vozes que vos respondem. São as próprias almas dos que evocais.
    Só muito raramente me comunico. Meus amigos, os que assistiram a minha vida e a minha morte, são os intérpretes divinos da vontade de meu Pai.

Homens fracos que acreditais no erro de vossas inteligências obscuras, não apagueis o facho que a clemência divina vos coloca nas mãos para clarear a estrada e reconduzir-vos, filhos perdidos, ao regaço de vosso Pai!

Em verdade vos digo: — Crede na diversidade, na multiplicidade dos espíritos que vos cercam; estou infinitamente tocado de compaixão pelas vossas misérias, pela vossa imensa fraqueza, para deixar de estender mão protetora aos infelizes transviados que, vendo o céu, caem no abismo do erro. Crede, amai, compreendei as verdades que vos são reveladas. Não mistureis o joio com o bom grão, os sistemas com as verdades!

Espíritas, amai-vos, eis o primeiro ensino. Instruí-vos, eis o segundo.

Todas as verdades se encontram no Cristianismo; são de origem humana os erros que nele se enraizaram.

Eis que do além-túmulo que julgáveis o nada vos clamam vozes: — Irmãos, nada perece. Jesus Cristo é o vencedor do mal, sede os vencedores da impiedade!(1)

---

(1) Esta mensagem foi inserida por Allan Kardec em O LIVRO DOS MÉDIUNS, pág. 337, com uma nota e comentário sobre o autor espiritual da mesma.

A COMUNICAÇÃO ENTRE OS ENCARNADOS E OS DESENCARNADOS

Nós somos espíritos encarnados até chegar o dia de nossa morte. Já sabemos que a morte não existe. O fenômeno a que denominamos morte consiste na separação de nosso espírito imortal do corpo ao qual estamos ligados atualmente. A morte é a nossa libertadora. Uma vez libertados do corpo, passaremos a viver no mundo espiritual.

Se como encarnados temos os meios de nos comunicar uns com os outros, não teremos também a possibilidade de comunicação com os espíritos? Não haverá um meio do qual nos possamos servir para conversar com aqueles que já partiram para o mundo espiritual e deles recebermos notícias, palavras confortadoras e úteis ensinamentos morais?

O meio que nos põe em contato com os espíritos é a mediunidade.

A mediunidade é, pois, o sentido pelo qual entramos em relação com os espíritos e todos nós, homens e mulheres, a possuímos, embora em diferentes graus.

Assim Deus, que é Bondade, permite-nos que continuemos a sentir vivos e palpitantes de amor aqueles que constituíram na Terra nossas mais queridas afeições.

A MEDIUNIDADE

Para compreendermos onde reside a mediunidade, lembremo-nos de que somos compostos de três elementos: o espírito, o perispírito e o corpo.

O espírito somos nós mesmos. É a nossa individualidade. É a parte de nós que pensa e sente. É o nosso EU imortal.

O perispírito é um véu fluídico que envolve o espírito e o liga ao corpo durante o tempo da encarnação. É inseparável do espírito e é tanto mais luminoso quanto maior for o adiantamento moral do espírito a que reveste. É invisível para nós no estado normal; porém, pode tornar-se visível, como no caso das materializações e das aparições.

O corpo é o instrumento com o qual o espírito atua no mundo terreno.

Por conseguinte, agora que estamos encarnados possuímos o espírito, o perispírito e o corpo; quando estivermos desencarnados possuiremos o espírito e o perispírito.

O perispírito é o receptor das sensações e o transmissor delas ao espírito. As sensações físicas são recebidas pelo perispírito através do sistema nervoso de que é dotado nosso corpo. As sensações espirituais recebem-se diretamente pelo perispírito que se irradia através de nosso corpo e o contorna como uma névoa.

Há dois gêneros de mediunidade: a mediunidade de efeitos físicos e a mediunidade de efeitos intelectuais.

A mediunidade de efeitos físicos é a que produz manifestações materiais, tais como: barulhos, deslocamentos

A MEDIUNIDADE SEM LÁGRIMAS

de objetos, materializações, transportes, trabalhos manuais, voz direta, etc. Conquanto a voz direta seja uma manifestação intelectual, incluímo-la na classificação de efeitos físicos, porque só por um médium deste gênero ela pode produzir-se.

A mediunidade de efeitos intelectuais produz manifestações inteligentes, a saber: a palavra, a escrita, a inspiração, a intuição, etc.

O mecanismo da mediunidade de efeitos físicos é o seguinte: o perispírito do médium projeta para o exterior uma emissão fluídica-nervosa; os espíritos se apropriam dessa emissão e a combinam com os seus fluidos magnéticos; adquirem desse modo a força com a qual produzem os fenômenos.

O mecanismo da mediunidade de efeitos intelectuais é o seguinte: o espírito que se quer comunicar liga seu perispírito ao perispírito do médium e assim influencia o médium que lhe reproduz os pensamentos pela palavra ou pela escrita.

Na mediunidade de efeitos físicos há uma emissão fluídica-nervosa da qual os espíritos se utilizam. Na mediunidade de efeitos intelectuais o organismo do médium é diretamente influenciado pelo perispírito do espírito manifestante. À força nervosa projetada pelo médium e utilizada pelos espíritos, nas manifestações de efeitos físicos, deu-se o nome de ectoplasma.

A causa que produz a mediunidade é orgânica-espiritual.

É orgânica porque o sistema nervoso do médium vibra facilmente irradiando pelo perispírito intensa emissão fluídica-nervosa que, combinada com os fluidos magnéticos do espírito manifestante, serve para a produção dos fenômenos de efeitos físicos. Graças também à rapidez dessas vibrações, o perispírito do médium ganha certa liberdade que lhe permite ligar-se ao perispírito do espírito manifestante e, assim, produzir os fenômenos de efeitos intelectuais.

É espiritual porque sem o concurso dos espíritos a mediunidade seria inútil, como seriam inúteis os olhos se não houvesse a luz.

OS MÉDIUNS

Embora em diferentes graus, todos nós possuímos a mediunidade; por isso todos nós podemos ser médiuns. É verdade que uns médiuns são melhor dotados do que outros; uns possuem a mediunidade em grau mais adiantado e outros a possuem em grau mais modesto.

Médium é tôda pessoa que sabe usar a mediunidade e se tornou um instrumento pelo qual os desencarnados se comunicam com os encarnados.

Os médiuns ajudam os espíritos esclarecidos a executarem certas tarefas na Terra, porque os espíritos só podem atuar sobre a matéria por meio de um instrumento material. Os espíritos esclarecidos nunca estão inativos: consagram algumas horas do dia ao estudo e ao preparo de suas novas encarnações e futuros trabalhos; o tempo restante, dedicam-no à humanidade. Os espíritos esclarecidos são aqueles que já possuem a compreensão espiritual e trabalham intensamente para o progresso deles próprios e dos encarnados e desencarnados.

Reparemos em derredor de nós: **há** ignorância, miséria, lágrimas, feridas, dores e erros. Pois bem, é por meio dos médiuns que os espíritos nos instruem, suavizam a miséria, enxugam as lágrimas, cicatrizam as feridas, mitigam as dores, corrigem os erros. A mediunidade faz com que nós, habitantes da Terra, demos as mãos aos que habitam o céu e trabalhemos juntos na construção do majestoso reino de Deus.

Como não há dois organismos absolutamente iguais e como cada um de nós serve os espíritos de acordo com

A MEDIUNIDADE SEM LÁGRIMAS

o grau de mediunidade que possui, concluímos que há uma grande variedade de médiuns. Dentre eles destacaremos os seguintes: médiuns de efeitos físicos, médiuns falantes, médiuns escreventes, médiuns audientes, médiuns videntes, médiuns intuitivos, médiuns inspirados e médiuns curadores.

MÉDIUNS DE EFEITOS FÍSICOS

As pessoas que possuem a mediunidade de efeitos físicos chamam-se médiuns de efeitos físicos. Por estes médiuns, os espíritos podem produzir os seguintes fenômenos:

1. *Deslocamentos de objetos; arrastar ou erguer móveis e pessoas. Levitação.*
2. *Pancadas, ruídos, passos, estalos, etc.*
3. *Materializações: os espíritos aparecem aos assistentes e até lhes permitem que os toquem.*
4. *Transportes: os espíritos tiram uma coisa colocada em uma sala completamente fechada e a transportam para longe do local onde se realiza a reunião. Trazem de fora flores e demais objetos indicados para a experiência.*
5. *Voz direta; ouve-se a voz do espírito manifestante.*
6. *Escrita direta: os espíritos escrevem sem intermediários, em papéis colocados em lugares inacessíveis aos médiuns; por exemplo: entre as páginas de um livro fechado.*
7. *Execução de trabalhos manuais em parafina, ou outro material plástico. E modelam bustos, pés, mãos, flores, etc.*

Toda mediunidade tem sua utilidade e é concedida para um fim providencial. Os médiuns de efeitos físicos foram utilíssimos no início da propagação do Espiritismo. Uma humanidade materialista e obscurecida pelos erros religiosos, filosóficos e científicos só poderia ter a Razão despertada pelos meios materiais: ruídos, barulhos, deslocamentos, sensacionalismos. Disso se aproveitaram os espíritos para chamarem os encarnados à realidade. Eis porque os médiuns de efeitos físicos apareceram primeiro, encabeçando o vigoroso movimento em prol da espiritualização do mundo.

A princípio, recorreu-se a tudo para explicarem-se os fenômenos. Diziam que eram devidos a alucinações, ao subconsciente, ao hipnotismo, às trapaças, ao charlatanismo, a forças ainda desconhecidas, etc. Contudo, os estudiosos do assunto acabaram por reconhecer que esses fenômenos eram produzidos por uma força inteligente. Essa força respondia por meio de pancadas convencionais ao que se lhe perguntava e, por fim, indicou aos que a interrogavam as maneiras mais fáceis pelas quais se poderia manifestar.

E se descobriu o infinito mundo espiritual, pátria verdadeira de todos nós.

MÉDIUNS FALANTES

Médiuns falantes são aqueles por cujo meio os espíritos falam. O espírito que se quer manifestar liga-se ao perispírito do médium e, atuando-lhe no aparelho vocal, faz com que o médium lhe transmita as palavras.

Temos de distinguir dois gêneros de médiuns falantes: os médiuns falantes conscientes e os médiuns falantes inconscientes.

Os médiuns falantes conscientes sabem o que o espírito manifestante está falando, à medida que as palavras estão sendo ditadas. Depois da comunicação se lembram, ainda que vagamente, do que o espírito falou. Estes médiuns são comuns.

Os médiuns falantes inconscientes não sabem o que o espírito manifestante diz. Durante a comunicação ficam como que adormecidos e, quando o espírito se retira, acordam e de nada se lembram. Os médiuns falantes inconscientes também são chamados sonambúlicos. Quando o médium está em estado sonambúlico, seu espírito se desprende facilmente do corpo, dando lugar a que um espírito desencarnado se incorpore.

Há duas espécies de manifestações sonambúlicas: uma em que é um espírito desencarnado que se manifesta. Outra em que é o próprio espírito do médium que entra em contato com os desencarnados e transmite o que eles querem dizer. Os médiuns inconscientes são raros.

Os médiuns falantes desempenham um papel preponderante na difusão do Espiritismo e na do Evangelho. Por estes médiuns, os espíritos pronunciam magníficos preleções aos assistentes das sessões espíritas. Concitam-lhes à prática do bem. Explicam-lhes o Evangelho. Conversam com os presentes. É um prazer, somente avaliado por quem já o experimentou, conversarmos com um ente querido que, feliz, nos conta suas ocupações nos planos luminosos em que habita e onde serenamente nos espera.

Um médium falante espalha muitíssimas consolações. Os espíritos podem ver no íntimo de cada indivíduo seus pensamentos, suas preocupações, suas dores e desilusões. Pois bem; quando um espírito superior toma um médium e se dirige aos ouvintes sabe exatamente quais os pontos a abordar. E depois de lhe ouvirmos a sábia exortação, quantos pensamentos tristes se dissiparam; quantas preocupações desapareceram; quantas dores se mitigaram; quantas desilusões se esqueceram; quantas esperanças se renovaram!

Se tu, meu irmão ou minha irmã, possuis a mediunidade falante, roga ao Pai que a transforme em fonte de consolo para todos os que sofrem.

MÉDIUNS ESCREVENTES

Médiuns escreventes são aqueles por cujas mãos os espíritos escrevem. Para isso influenciam o braço e a mão do médium.

Nesta classe de médiuns, distinguimos os seguintes:

Os médiuns escreventes mecânicos que não sabem o que os espíritos escrevem durante a manifestação; só o saberão quando lerem a mensagem. Estes médiuns são raros.

Os médiuns escreventes semimecânicos que sabem o que os espíritos escrevem, à medida que se formam as palavras. Estes médiuns são comuns.

Os médiuns escreventes por cujo meio os espíritos reproduzem a letra que tinham quando encarnados e até a própria assinatura. Estes médiuns são raros.

Os médiuns escreventes pelos quais os espíritos escrevem, porém, não conseguem reproduzir a letra que tinham quando encarnados; seja qual for o espírito comunicante, a letra é sempre a mesma, embora diferente da do médium. Estes médiuns são comuns.

MÉDIUNS AUDIENTES

Médiuns audientes são aqueles que ouvem os espíritos.
Há duas espécies de médiuns audientes:

1. *Os que ouvem a voz dos espíritos, como se estivessem ouvindo a voz de uma pessoa.*
2. *Os que ouvem a voz dos espíritos dentro de si mesmos.*

No primeiro caso, os espíritos impressionam os nervos auditivos do médium. No segundo, o perispírito do médium recebe o pensamento dos espíritos e o médium o sente como se fosse uma voz interior.

Um médium audiente pode ouvir a voz dos espíritos, das duas maneiras ou apenas de uma; conversa com os espíritos e transmite o que eles querem dizer aos encarnados.
É uma mediunidade comum.

MÉDIUNS VIDENTES

Médiuns videntes são aqueles que vêem os espíritos. Temos de distinguir três espécies de médiuns videntes:
1. *Os médiuns videntes que vêem, tanto com os olhos abertos como com eles fechados.*
2. *Os médiuns videntes que vêem somente com os olhos abertos.*
3. *Os médiuns de visão mental.*

No primeiro caso, é o perispírito do médium que recebe a imagem do espírito. Assim, o médium tanto pode estar com os olhos abertos como com eles fechados que verá os espíritos. A visão não lhe chega através dos olhos e sim através do perispírito. Estes médiuns são chamados clarividentes e a mediunidade que possuem chama-se clarividência. São raríssimos.

No segundo caso, a causa da vidência reside nos olhos do médium. Os olhos se tornam sensíveis sob a ação fluídica do espírito que se quer deixar ver e, nesse estado de sensibilidade ótica, o médium o vê em pensamento.

Os médiuns videntes são raros e a vidência nunca é permanente. Geralmente é uma mediunidade de curta duração.

Os médiuns videntes facilitam o estudo do mundo espiritual pelas descrições que fazem de seus habitantes. Entretanto, é preciso muito cuidado para que não sejamos vítimas da imaginação.

MÉDIUNS INTUITIVOS

Médiuns intuitivos são aqueles que captam os pensamentos dos espíritos. Como os outros médiuns, os intuitivos também servem aos espíritos para suas comunicações. Prestam-se muito para a direção das sessões espíritas e para a doutrinação dos espíritos sofredores, porque instantaneamente sabem quais os pontos a tocar para o esclarecimento deles.

Entretanto, dado a facilidade com que chegam a perceber os pensamentos dos espíritos, as pessoas dotadas da mediunidade intuitiva precisam ser calmas e muito ponderadas. Calmas, para não agirem precipitadamente, ao sabor de qualquer idéia que lhes aflore ao cérebro. Ponderadas, para analisarem muito bem as intuições que recebem.

A leitura assídua do Evangelho é o mais seguro meio de análise das intuições e constitui a melhor defesa contra as intuições malévolas. As intuições que estiverem em desacordo com as lições evangélicas devem ser repelidas. E o médium, cultivando o estudo constante do Evangelho, abre sua faculdade receptiva para as intuições superiores.

MÉDIUNS INSPIRADOS

Médiuns inspirados são aqueles aos quais os espíritos sugerem pensamentos. Nas outras mediunidades nós reconhecemos facilmente a ação dos espíritos sobre os médiuns. Porém, com relação aos médiuns inspirados, tal não se dá; a ação dos espíritos sobre eles é tão oculta, tão sutil que mesmo o próprio médium não a sente, apenas percebe que está sendo ajudado em suas idéias.

A pessoa que possui a mediunidade de inspiração, se quiser tirar o máximo proveito dela, precisa estudar muito. É dever de todo o médium estudar; mas, para o médium inspirado, o estudo é uma necessidade imperiosa. Repetimos que é uma necessidade imperiosa, porque os médiuns *inspirados transmitem* seus próprios pensamentos que os espíritos avivam, despertam e ajudam a dar forma. Eis porque se não estudarem ativamente não poderão servir de instrumentos eficazes aos espíritos que lutam por difundir as luzes espirituais em nosso planeta.

Foi através de uma magnífica mediunidade inspirada que Allan Kardec codificou o Espiritismo.

DÁ DE GRAÇA O QUE DE GRAÇA RECEBESTE

Antes de aprendermos a usar nossa mediunidade e de merecermos o título de médiuns, meditemos sobre o seguinte:

Não julguemos que a mediunidade nos foi concedida para simples passatempo ou para satisfação de nossos caprichos. Em circunstância alguma, façamos dela o nosso ganha-pão.

Infeliz do médium que utiliza sua mediunidade visando aos seus interesses terrenos! Mal-aventurado quem procura trocar por dinheiro os dons de Deus!

A mediunidade é coisa santa e com ela devemos suavizar os sofrimentos alheios. É a maneira mais simples de praticarmos a verdadeira caridade: a caridade espiritual. Cooperando com os espíritos curadores, concorremos para o alívio daqueles que sofrem. E como instrumentos dos espíritos educadores, contribuímos para o adiantamento moral de nossos irmãos. Ao desenvolvermos nossa mediunidade, lembremo-nos de que ela nos é dada como um arrimo para mais facilmente conseguirmos a Perfeição e para mais suavemente liquidarmos os pesados débitos que contraímos em existências passadas e para servirmos de guias a irmãos mais atrasados.

Vamos dar de graça o que Deus nos conceder, conforme nos ensinou Jesus. Nunca troquemos por algumas moedas o que a bondade de nosso Pai que está nos céus quer distribuir a seus filhos necessitados. Onde há interesse, por pequenino que seja, não há caridade.

O APARECIMENTO DA MEDIUNIDADE

Chegada a hora em que devemos iniciar o nosso trabalho mediúnico, de nosso corpo começa a desprender-se uma irradiação fluídica-nervosa. Essa irradiação possui um certo brilho, de maneira que ficamos envolvidos por uma espécie de luz espiritual. Os espíritos sofredores, buscando alívio, são irresistivelmente atraídos por essa luz. Uma vez agarrados a nós, não nos largam até que lhes seja indicado o modo de alcançarem um pouco de melhora para seu estado.

Conquanto os espíritos não sofram fisicamente, sofrem moralmente. Alguns se acham tão perturbados, com seu perispírito tão materializado, suas percepções espirituais são tão pequenas que sentem ainda todas as sensações físicas, principalmente as que experimentaram no momento da agonia. Se um espírito nestas condições se acerca de uma pessoa cuja mediunidade está aparecendo, transmite-lhe as sensações que está sentindo.

Os sinais mais comuns do aparecimento da mediunidade são os seguintes: cérebro perturbado, sensação de peso na cabeça e nos ombros; nervosismo: ficamos irritados até por motivos sem a menor importância; desassossego; insônia; arrepios, como se percebêssemos passar por nós alguma coisa desagradavelmente fria; sensação de cansaço geral, lassidão; às vezes, calor, como se estivéssemos encostados a qualquer coisa quente; falta de ânimo para o trabalho; profunda tristeza ou excessiva alegria sem sabermos por que. Estes são os sinais mais freqüentes; dia a dia se acentuam e, à medida que as relações fluídicas entre a pessoa e os espíritos sofredores se fortificam, a saúde se altera, devido à enorme carga de fluidos impuros que o corpo armazena. O remédio capaz de produzir um resultado apreciável é o desenvolvimento da mediunidade. Médiuns desenvolvidos que nós nos tornemos, as causas da perturbação desaparecerão e a tranqüilidade voltará a reinar em nosso íntimo e a saúde em nosso corpo. E, sobretudo, teremos a grata satisfação de termos concorrido para a felicidade de irmãos que sofriam e quiçá nos eram queridos.

Se tivermos o hábito de viver uma vida regrada e dentro de um círculo moral elevado, seremos auxiliados por espíritos bondosos, os quais abrandarão as terríveis conseqüências da perturbação causada pelos espíritos sofredores. Porém, somente isso não basta. Se não tratarmos quanto antes de nosso desenvolvimento, a nossa faculdade mediúnica se transformará em verdadeiro tormento e as amarguras nos farão compreender o Caminho, a Verdade e a Vida.

O DESENVOLVIMENTO DA MEDIUNIDADE

Desenvolver a mediunidade é aprender a usá-la. Antes de tudo, devemos procurar um Centro Espírita que, por indicação de espíritas conhecedores da doutrina mereça nossa confiança; aí, sob a orientação prudente do diretor dos trabalhos, iniciaremos o nosso desenvolvimento. Não desenvolvamos nossa mediunidade em sessões espíritas particulares ou familiares, como são também chamadas; estas sessões quando não dirigidas por pessoas de seguro conhecimento doutrinário, quase sempre constituem terríveis focos de obsessão. É conveniente que iniciemos e terminemos nosso desenvolvimento num mesmo Centro; depois de bem desenvolvidos, podemos ir trabalhar em outro Centro. Só façamos nossos exercícios mediúnicos no Centro e nos dias para isso designados; nunca em casa; fora do Centro não nos preocupemos com nossos trabalhos espirituais.

Para que sejamos bem-sucedidos, *cultivaremos* as seguintes virtudes: a paciência, a perseverança, a boa vontade, a humildade e a sinceridade.

Paciência; a mediunidade não se desenvolve de um dia para outro; geralmente, gastam-se meses e mesmo anos. Ninguém pode marcar um limite de tempo dentro do qual se processe o completo desenvolvimento. Há médiuns que se desenvolvem em algumas semanas, outros em meses e outros levam anos. Não nos impacientemos; não façamos conta do tempo; nosso único interesse é que nossa mediunidade seja bem desenvolvida; e para isso tenhamos muita paciência.

A MEDIUNIDADE SEM LÁGRIMAS

Sem perseverança nada se alcança. O desenvolvimento da mediunidade exige que sejamos persistentes. Marquemos uma noite certa por semana para os nossos trabalhos mediúnicos e, aconteça o que acontecer, não faltemos à reunião. Uma mediunidade bem desenvolvida é fruto da perseverança.

À paciência e à perseverança ajuntaremos a boa vontade. Ter boa vontade é comparecermos alegres e cheios de satisfação às sessões. É esforçarmo-nos o mais possível durante os momentos consagrados ao nosso desenvolvimento.

A humildade é a virtude pela qual reconhecemos que tudo vem de Deus, nosso Pai, e nós, por nós mesmos, nada podemos fazer. Por isso, nunca nos orgulhemos de nossa mediunidade, por mais prodigiosa que ela pareça ser. Deus ama os humildes e abate os orgulhosos. Para merecermos que Deus consinta que bons espíritos nos auxiliem, cultivemos a humildade. Para sermos humildes devemos ser bondosos para com todos, porque a bondade é a mais bela forma da humildade. E para adquirirmos essa virtude, nutramos o ardente desejo de sermos realmente úteis e bons.

Sinceridade; o médium sincero é aquele que transmite fielmente o que os espíritos ditam, mesmo que a comunicação seja contrária ao seu modo de pensar, ou seja uma admoestação a si mesmo. Se faltarmos com a sinceridade no desempenho de nossas funções mediúnicas, cedo ou tarde sofreremos decepções.

São estes os cinco pontos sobre os quais refletiremos profundamente e os teremos sempre na memória; deles depende o bom ou o mau êxito de nossa iniciação mediúnica.

EXERCÍCIOS

Logo que tenhamos escolhido o Centro Espírita e formos admitidos a suas sessões, principiaremos a desenvolver nossa mediunidade.

À primeira vista ninguém nos poderá dizer qual a espécie de mediunidade que possuímos; somente a experimentação é que nos indicará se é escrevente, falante, auditiva ou outra qualquer. É depois de muitas sessões que nossa mediunidade se revelará; geralmente, precisamos procurar, pelo exercício, qual delas devemos desenvolver; a prática do dirigente dos trabalhos será um auxílio valioso, porque ele nos orientará ora num sentido ora noutro, até que a encontremos. Durante algum tempo faremos exercícios de escrita; se não derem resultado, faremos exercícios para o desenvolvimento da mediunidade falante, depois da auditiva, e assim por diante, até que se manifeste uma para a qual tenhamos facilidade; então, abandonaremos as outras e nos dedicaremos somente a ela. Nunca pretendamos desenvolver várias mediunidades; uma única é o suficiente; quem quiser mais que uma, arrisca-se a não ter nenhuma.

Começamos por aprender a concentração. Concentrar-se significa pensar em uma só coisa; habituemo-nos a fixar o pensamento e não deixá-lo vagar. Quando nós nos sentarmos à mesa, esqueçamos completamente o que nos sucedeu durante o dia; libertemo-nos das preocupações; fixemos nosso pensamento unicamente em Deus, nosso Pai, e por meio de uma prece fervorosa peçamos-lhe que permita que um espírito bondoso se interesse por nós e nos ajude em nosso desenvolvimento.

A MEDIUNIDADE SEM LÁGRIMAS

Como desenvolver a mediunidade falante:

Feita a concentração, o dirigente da sessão pedirá a um espírito que se encarregue do desenvolvimento do futuro médium, dizendo mais ou menos o seguinte: — O irmão que quer desenvolver nosso irmão Fulano manifeste-se em nome do Senhor! Dedicará uns cinco minutos a cada médium em desenvolvimento e fará três ou quatro pedidos durante esse tempo. Notando que o médium está sendo influenciado pelo espírito, procurará travar conversação com ele. A principal dificuldade a vencer consiste em fazer com que o médium não segure a comunicação. Quase todos os médiuns em desenvolvimento não deixam que o espírito fale, apesar de atuados, o que atrasa muito o desenvolvimento. Logo que o médium deixar que o espírito fale livremente, o desenvolvimento se operará com facilidade. Quando o espírito começa a atuar, o médium sente a sensação de um leve choque elétrico, que lhe percorre o corpo e o faz estremecer; a respiração se acelera e o coração pulsa mais rápido; parece que alguma coisa lhe envolve a cabeça; uma porção de pensamentos lhe aflui ao cérebro e é tomado de um grande desejo de repetir em voz alta esses pensamentos. No começo o médium julga que esses pensamentos são seus e, por isso, reprime a manifestação do espírito; não deve reprimi-la; deve falar, repetir o que o espírito está ditando. Terminada a manifestação, o espírito se retira e o médium volta ao seu estado normal. As primeiras comunicações são palavras soltas e frases quase que sem sentido; com o progredir do desenvolvimento, a comunicação se tornará concatenada até se transformar em preleções e conversações com os presentes.

Como desenvolver a mediunidade escrevente:

O médium em desenvolvimento senta-se à mesa; toma um lápis e papel e coloca-se na posição de quem vai escrever; deixará a mão relaxada ou bem mole, como se costuma dizer; concentra-se. Quando o espírito começar a atuar, o médium sentirá que sua mão é puxada ora para um lado ora para outro; é deixar que o espírito atue; não forçar a mão nem retesar os músculos, o que dificulta e quase impede a ação do espírito; não prestar atenção ao que o espírito escreve; conservar-se bem concentrado. Nas primeiras sessões é muito natural que nada consiga; com o continuar dos exercícios, irá riscando o papel, traçando letras, em seguida palavras, depois frases e, por fim, mensagens completas.

Como desenvolver a mediunidade audiente:

Esta mediunidade, para ser desenvolvida com êxito, exige muita sinceridade da parte do médium, porque só ele ouve o que o espírito quer transmitir. O médium concentra-se. O diretor dos trabalhos fará o seguinte pedido:
— O irmão que quer desenvolver nosso irmão Fulano pode ditar-lhe que ele nos repetirá suas palavras. Com o decorrer dos exercícios, o médium irá ouvindo os espíritos; distinguirá a voz de cada um e reconhecerá a muitos; poderá conversar com eles, dirigindo-lhes perguntas pelo pensamento, às quais eles responderão. É preciso ter o cuidado de não dar ouvidos a irmãos inferiores; insinuam-se com graçolas ou palavras vaidosas e, quando percebem que o médium se compraz em ouvi-los, tornam-se companheiros irritantes e difíceis de serem evitados.

Como desenvolver a mediunidade vidente:

Para desenvolver-se esta mediunidade, procede-se da seguinte maneira: concentrados, procuramos ver, ora com os olhos abertos ora com eles fechados. Depois de continuados exercícios, principiaremos a perceber qualquer coisa, como que uma névoa rala e luminosa; essa névoa, aos poucos, adquirirá forma até que distinguimos os traços dos espíritos que estão presentes. A visão mental se apresenta ao médium como se ele estivesse revendo alguém em pensamento. A princípio são apenas imagens vagas que se tornarão nítidas à medida que o desenvolvimento progride.

Como desenvolver a mediunidade intuitiva:

O médium mune-se de papel e lápis e concentra-se. Em seguida anotará todos os pensamentos que lhe aflorarem ao cérebro. Os primeiros pensamentos que consegue receber dos espíritos são confusos, frases sem nexo, palavras soltas. É comum o médium julgar que tais pensamentos são seus; não importa, deve escrevê-los e depois analisá-los. Com o progredir do desenvolvimento, os pensamentos afluirão cada vez mais claros e precisos e, com a prática, o médium facilmente distinguirá o que é seu do que é dos espíritos.

Como desenvolver a mediunidade inspirada:

O desenvolvimento da mediunidade inspirada difere radicalmente do das outras mediunidades. Na mediunidade falante, os espíritos se servem dos órgãos vocais do médium; na escrevente, da mão; na audiente, dos ouvidos; na vidente, dos olhos; na intuitiva, do cérebro; na mediunidade inspirada, os espíritos se utilizam da inteligência e do saber do médium. Os espíritos inspiram ao médium somente o que está ao alcance de sua compreensão; deduzimos, por conseguinte, que quanto mais cultivada estiver a inteligência do médium tanto mais inspirado será. Para cultivar a inteligência e aparelhar-se para ser um bom médium inspirado é preciso ler muito; fazer da leitura dos bons livros um hábito; estudar profundamente o Espiritismo e o Evangelho. A tarefa dos médiuns inspirados é pregar o Evangelho e ensinar o Espiritismo. Estudando, pregando e ensinando, o médium será facilmente inspirado pelos espíritos que lutam pelo progresso espiritual da humanidade.

É comum o sono se apoderar de nós durante os momentos em que estamos sentados à mesa, orando e concentrados. Evitaremos este inconveniente, se tivermos cuidado com nossa alimentação. Nos dias de nosso comparecimento às sessões, jantaremos pouco, isto é, nossa refeição da tarde será leve, de maneira a não nos deixar o estômago muito cheio. A digestão de uma sopa, por exemplo, não provocará a sonolência que acompanha a digestão de alimentos sólidos e pesados.

OS HABITANTES DO MUNDO ESPIRITUAL

O primeiro cuidado de quem aporta a um país estrangeiro é procurar conhecer os usos e os costumes de seus habitantes. A prudência manda que o viajante assim proceda, para evitar imprevistos desagradáveis e para saber como se comportar. A mediunidade nos leva ao infinito mundo espiritual, que também tem suas leis, usos e costumes próprios.

É um erro supor-se que a morte concede ao espírito a sabedoria plena ou a inteira posse do sentimento; não lhe dá nem uma nem outra coisa; o espírito desencarnado continuará a ser o mesmo que era quando encarnado. Era o encarnado uma pessoa bondosa? A morte o fará um espírito bom. Era uma pessoa de mau coração? A morte o fará um espírito malévolo. E continuam a viver: o bom, espalhando o bem, engrandecendo-se e tornando-se um espírito superior; o mau, a pensar no mal, até que o sofrimento e as decepções o obriguem a procurar na prática do bem um alívio para sua consciência perturbada.

No mundo espiritual encontram-se espíritos dotados das maiores virtudes e de deslumbrante inteligência; lá também vivem espíritos portadores de vícios e de muita propensão para o mal. Há os mistificadores, que não se importam em assinar suas comunicações, sem valor algum, com os nomes de espíritos que veneramos; desconfiemos sempre dos nomes; a assinatura não é uma garantia de autenticidade. Há os espíritos brincalhões e zombeteiros, cujo maior prazer consiste em enganar com suas peças os indivíduos crédulos, que os escutam, e seguem-lhes os conselhos estultos e as indicações tolas. Há os orgulhosos que julgam tudo saber e ainda querem dominar. Há os malévolos que espalham por toda a parte a desarmonia, a malquerença, as rivalidades, principalmente nos Centros Espíritas, entre os médiuns e entre os diretores; aproveitam-se de nosso amor-próprio para conseguirem seus desígnios; servem-se da máxima astúcia para desviarem os médiuns de seus deveres. Nunca nos esqueçamos de que os médiuns estão sujeitos a terríveis lutas contra os espíritos ignorantes; somente quem já travou tais lutas é que pode avaliar-lhes a intensidade; para vencê-las é necessário muita prudência, muita fé, e possuir um intenso desejo de beneficiar os que sofrem.

Dentre os espíritos que se dedicam ao bem, citaremos: os curadores, que se esforçam por mitigar os sofrimentos da humanidade. Os consoladores, cuja função é espalhar pensamentos de fé e esperança entre os aflitos. Os espíritos educadores, que se encarregam de promover nosso progresso moral e intelectual. Há também outras categorias de espíritos que trabalham ativamente pela melhoria dos indivíduos, das famílias, das cidades e das nações.

Tais são, em curto resumo, os habitantes do mundo espiritual com os quais a mediunidade nos põe em íntima ligação. Conquistar a proteção e a simpatia dos bons e livrar-se o mais possível da influência dos maus é a grande tarefa à qual os médiuns devem aplicar-se constantemente.

Ao entrarmos em contato com os espíritos, revistamo-nos da máxima prudência. Sejamos prudentes como as serpentes, conforme nos recomendou o Mestre. Não acreditemos em tudo o que recebemos dos espíritos; vejamos primeiro se suas mensagens estão de acordo com o Evangelho e com os ensinamentos dos mestres. Todas as comunicações serão analisadas. Analisar uma comunicação é estudá-la palavra por palavra, linha por linha, trecho por trecho; e por fim aceitá-la, rejeitá-la ou pô-la em observação.

Aceitá-la: se pregar o bem; se versar fatos que os mestres já estudaram e cujos exemplos podem ser encontrados em seus livros; se puder ser comprovada facilmente.

Rejeitá-la: se contiver uma única palavra contra a lei da caridade; se trouxer elogios próprios a excitar a vaidade; se tratar de assuntos que o bom senso repele; se o que ensina for contrário àquilo que a longa prática firmou e comprovou.

Pô-la em observação: se a lição for nova. Quando múltiplas experiências a confirmarem, então será aceita.

A LEI DA AFINIDADE MORAL

O conhecimento e a aplicação da lei da afinidade moral fazem com que obtenhamos a proteção e a simpatia dos bons espíritos e evitemos a influência dos ignorantes. Afinidade quer dizer semelhança. A lei da afinidade moral é a seguinte: — INDIVÍDUOS DE MORAL IGUAL SE ATRAEM E DE MORAL CONTRÁRIA SE REPELEM. Esta lei rege nossas relações sociais tanto para os encarnados como para os desencarnados. Ela não só seleciona nossos amigos encarnados como também os espíritos que habitualmente nos assistem. Uma pessoa estudiosa não tem por companheiros habituais pessoas que se comprazem na ignorância; quem tem o vício de beber não procura a companhia do que é temperante; um perverso se ajunta a outro perverso para praticarem o mal; um bom se ajunta a outro bom para espalharem o bem. Por conseguinte, a lei da afinidade moral nos ensina que os bons se agrupam e repelem os maus; os maus se reúnem e evitam os bons. Um espírito bondoso não procura um médium orgulhoso; um espírito estudioso nada tem a fazer ao lado de quem não gosta do estudo; um espírito puro afasta-se de um médium que tenha vícios. Como pode um médium maldizente, invejoso e cheio de amor-próprio colaborar com os nobres espíritos que esclarecem a humanidade? É difícil para um espírito iluminado pregar o amor ao próximo por meio de um médium rancoroso e vingativo.

Concluímos, então, que para merecermos a assistência dos bons espíritos é preciso que nós também sejamos bons. Para não sermos vítimas de espíritos orgulhosos, devemos extinguir o nosso orgulho e abafar o nosso excessivo amor-próprio. Para não sermos manejados por espíritos perversos, nem sequer pensemos no mal. Fujamos dos vícios para não ficarmos rodeados de espíritos viciosos. Sejamos compassivos, fraternos, tolerantes, benevolentes e caridosos. Estabeleçamos afinidade moral com os espíritos virtuosos, porque este é o único meio de gozarmos de seus favores. Lembremo-nos de que onde está a Virtude não há lugar para os vícios. Onde reina o sincero desejo de praticar o bem não cabe nem um pouquinho do mal.

HIGIENE FÍSICA E MENTAL

Não julguemos que a mediunidade nos torna diferentes das outras pessoas ou que, porque somos médiuns, devamos viver uma vida especial e privarmo-nos das coisas boas que a existência nos oferece. A par do exercício de nosso medianato, temos também nossas obrigações para com a sociedade, para com nossa família e para conosco. Precisamos, por conseguinte, satisfazer aos compromissos que a nossa situação de encarnados nos impõe. A nossa perfeição espiritual resultará do bom desempenho de nossas tarefas materiais e espirituais. Para o completo êxito de nossos trabalhos mediúnicos é mister que mantenhamos uma higiene física e mental. Um médium deverá ser saudável de corpo e de espírito; portanto, é necessário tratar dos dois: do corpo, porque é um instrumento de trabalho e somente um mau operário não cuida de suas ferramentas; e do espírito, porque é a nossa parte divina e imortal.

Cultivemos bons pensamentos. Os bons pensamentos trazem as boas palavras e presidem aos bons atos.

Sejamos amigos do estudo e da boa leitura, da leitura sadia e construtora dos elevados carateres. Felizmente a literatura espírita já nos oferece ótimos livros cujos ensinamentos desenvolvem nossas virtudes e aumentam nossa cultura.

Adquiramos o hábito salutar de lermos diariamente um pequenino trecho do Evangelho. As lições do Evangelho nos ensinam a construir nossa felicidade aqui e no mundo espiritual para onde iremos mais tarde.

Sejamos moderados. A moderação em todas as coisas conserva-nos a saúde e nos proporciona a higiene física.

Cultivemos a oração. A oração diária, feita em recolhimento, é um poderoso fortificante espiritual e um benéfico exercício de higiene mental.

O PROTETOR DO MÉDIUM

Logo que iniciamos nosso desenvolvimento mediúnico, é-nos designado um espírito protetor, o qual trabalhará conosco no desempenho de nossas funções mediúnicas, proteger-nos-á das investidas dos espíritos malévolos e nos orientará para que nossa mediunidade produza resultados benéficos. Cada médium tem o seu protetor, que é um espírito esclarecido e possuidor da experiência que este gênero de trabalho requer. Às vezes, é um nosso parente ou amigo; e pode ser também um espírito que não conhecemos, mas, ao qual estamos ligados por laços de afeto e simpatia, desde épocas remotas. O grau de adiantamento de um espírito protetor está em relação com o grau de adiantamento de seu protegido: quanto mais adiantado fôr o médium tanto mais elevado será seu protetor. Os nossos trabalhos mediúnicos são realizados com sua presença; sempre que precisarmos dele para tributarmos a alguém os benefícios de nossa mediunidade, chamemo-lo por meio de uma prece fervorosa e imediatamente o teremos ao nosso lado, cooperando conosco.

É comum acontecer que o espírito protetor tenha de se retirar, ou porque chegou sua vez de se reencarnar, ou porque irá executar tarefas em outros planos do Universo; nesse caso será substituído por um espírito da mesma categoria.

Tomemos nota de um ponto muito importante: o protetor de um médium não lhe poderá dar bens materiais; não lhe dará conselhos ou indicações para tratar de negócios; não o livrará de suas provas ou expiações; nem lhe satisfará caprichos ou mesquinhas ambições. As obrigações de um espírito protetor junto de um médium são todas de ordem puramente espiritual e é nesse sentido que devemos compreender sua proteção. Peçamos-lhe que nos auxilie a obter a riqueza da espiritualidade, certos de que, quanto mais espiritualizados estivermos, tanto menos necessitaremos das coisas da Terra.

QUALIDADES DE UM BOM MÉDIUM

Rigorosamente falando, os bons médiuns são raros. A maioria, geralmente, apresenta um ou outro defeito que lhes diminui a qualidade de bons. O defeito, por pequeno que seja, é sempre de origem moral. Entretanto, o médium que reunir as cinco virtudes seguintes pode ser qualificado de bom: SERIEDADE, MODÉSTIA, DEVOTAMENTO, ABNEGAÇÃO e DESINTERESSE.

A seriedade é a virtude que um médium possui de só utilizar sua mediunidade para fins verdadeiramente úteis, exercendo-a como um nobre sacerdócio.

A modéstia é a virtude pela qual um médium reconhece que é um simples instrumento da vontade do Senhor e, por isso, não se envaidece nem se orgulha de sua mediunidade. Não faz alarde das comunicações que recebe, porque sabe que foi apenas um simples intermediário. Não se julga ao abrigo das mistificações e, quando é mistificado, compreende que isso aconteceu em virtude das falhas de seu caráter ou devido a algum erro de sua conduta; procura, então, corrigir-se para afastar de si os espíritos mistificadores.

O devotamento é a virtude pela qual um médium se dedica ardentemente ao benefício de seus irmãos que sofrem. O médium devotado considera-se um servo do Senhor e, por isso, não despreza nenhuma oportunidade de servi-lo, auxiliando a todos quantos necessitam dos cuidados dos espíritos de Deus.

A abnegação é a virtude pela qual um médium leva o seu devotamento até ao sacrifício. O médium abnegado não hesita em renunciar a seus prazeres, a seus hábitos, a seus gostos, quando se trata de prestar socorros mediúnicos a quem quer que seja.

O desinteresse é a virtude pela qual um médium dá de graça o que de graça recebeu. O médium desinteressado nem mesmo esperará um agradecimento dos homens.

Eis expostas as cinco virtudes que devemos cultivar, se quisermos merecer o qualificativo de bons médiuns.

O QUE FAZ UM MÉDIUM FRACASSAR

De "O Livro dos Médiuns", de Allan Kardec, retiramos as dez seguintes causas que levam um médium ao fracasso; são elas: falta de análise das comunicações, leviandade, indiferença, presunção, orgulho, suscetibilidade, exploração, egoísmo, inveja e elogios.

A falta de rigorosa análise das comunicações dá margem a que espíritos mistificadores, através de ditados extravagantes, desviem o médium e esterilizem sua mediunidade, que nada mais produzirá de útil.

A leviandade é própria dos médiuns que não tomam a sério sua mediunidade e a utilizam para futilidades. Os médiuns levianos vivem constantemente rodeados de espíritos brincalhões e zombeteiros, dos quais nada de bom se pode esperar.

A indiferença caracteriza os médiuns que não procuram melhorar seu procedimento e não tiram proveito dos conselhos que os espíritos protetores lhes dão. Os médiuns indiferentes acabam sendo abandonados por seus protetores, porque os espíritos de boa vontade só auxiliam os médiuns que trabalham ativamente para sua própria reforma moral.

A presunção é o traço distintivo dos médiuns que julgam que só recebem comunicações de espíritos elevados e, por isso, acreditam-se infalíveis. Os médiuns presunçosos arriscam-se a serem facilmente mistificados.

O orgulho: os médiuns orgulhosos pensam valer mais do que seus companheiros e que nada mais precisam aprender. Duras lições os reconduzirão à humildade da qual se afastaram.

A suscetibilidade demonstra que o médium possui excessivo amor-próprio. Lembremo-nos de que o amor-próprio é causador de inúmeras quedas. Os médiuns suscetíveis melindram-se quando as comunicações são analisadas, ressentem-se por qualquer motivo e se esquecem de praticar a sublime virtude que se chama Tolerância. A exploração da mediunidade traz gravíssimo fracasso. O Espiritismo veio para destruir o egoísmo e não para reforçá-lo; por isso o médium que usa sua mediunidade para explorar seus irmãos desvirtua sua nobre finalidade.

Os médiuns egoístas são aqueles que usam sua mediunidade somente em proveito próprio, esquecidos de servir ao próximo. É claro que os espíritos do bem evitam estes médiuns, os quais passarão a ser assistidos por espíritos ignorantes.

A inveja é o defeito dos médiuns que ficam despeitados, quando outros médiuns produzem mais e melhor do que eles. Não há motivos para invejar ninguém; quem quiser ser alvo das atenções dos espíritos elevados que se esforce por merecê-las pela prática do bem e por um comportamento exemplar.

Um médium nunca dará ouvidos a elogios, venham eles de onde vierem. O elogio desperta nosso amor-próprio e alimenta nosso orgulho. É conveniente sabermos que os homens e os espíritos verdadeiramente superiores dificilmente elogiam e, quando o fazem, é com palavras de estímulo que nos revelam o muito que ainda nos falta trabalhar para concluirmos o que nos propusemos realizar.

Como vemos, as causas do fracasso residem dentro do próprio médium; por isso é necessária a máxima vigilância para não deixarmos que elas produzam seus maléficos efeitos.

A SUSPENSÃO DA MEDIUNIDADE

Pode acontecer que sejamos obrigados a suspender temporariamente o exercício de nossa mediunidade. Nesse caso devemos pedir a Deus que nos desobrigue dela, enquanto houver o empecilho. Para isso, no momento de nossas orações, faremos esta prece: — "Senhor, bem vedes que devo agora satisfazer ao compromisso de... (nomear o compromisso) o que me impedirá por algum tempo de cumprir regularmente os meus deveres de médium. Eu vos rogo que me concedais esta licença, prometendo-vos continuar a prestar meus serviços mediúnicos logo que cessar este impedimento".

É bom tomar nota deste ponto importantíssimo: o motivo que levará um médium a solicitar uma licença deverá ser muito sério; do contrário, a petição não será atendida. Cada um de nós julgará conscienciosamente se, de fato, há mesmo absoluta necessidade da suspensão temporária da mediunidade, levando em conta que um trabalho interrompido atrasa quem o interrompe. Citaremos algumas razões normais que autorizam um médium a licenciar-se:

VIAGENS: Tendo de viajar ou de ausentar-se da cidade por algum tempo.

SERVIÇOS: Os empregados dependem de seus patrões. É comum trabalharem em seus empregos em serviços extras que lhes roubam os instantes em que deveriam estar no Centro. É preciso rogar a Deus, em constantes orações, que os livre das obrigações materiais nas horas consagradas a suas obrigações espirituais, certos de que o Senhor tomará a si o cargo de lhes dar a recompensa extra.

ESTUDOS: Os estudantes, nas épocas das aulas, se o horário das aulas não lhes permitir uma freqüência assídua ao Centro.

A GESTAÇÃO: Durante o período da gestação é aconselhável que as gestantes se abstenham de praticar a mediunidade. Freqüentarão, porém, o mais possível, o Centro.

O DEVER DE MÃE: As mães, cujos encargos para com os filhos são tão numerosos, principalmente quando os filhos são pequenos, podem solicitar, muito justamente, a suspensão provisória de sua mediunidade.

Embora com sua mediunidade suspensa, o médium não fica isento de certos deveres, de cujos cumprimentos depende sua tranqüilidade. Assim, diariamente, dedicará alguns minutos à prece para tributar aos que sofrem os benefícios da oração ao Pai; para isso escolherá um momento em que possa estar despreocupado e se entregará à oração. É conveniente que seja todos os dias às mesmas horas; fará todo o possível para assistir às sessões do Centro e lerá diariamente um trecho do Evangelho e não se descuidará de sua higiene física e mental.

Desaparecendo a causa que motivou a suspensão da mediunidade, o médium reiniciará imediatamente suas funções mediúnicas, fazendo esta prece: — Obrigado, Senhor, por terdes feito cessar a causa que impedia o meu trabalho de médium; rogo-vos que me permitais trabalhar novamente e recuperar o tempo perdido.

Depois que houver desaparecido a causa que motivou a suspensão, se o médium persistir em continuar afastado, recomeçarão as perturbações e as perseguições dos espíritos inferiores e é fácil o médium ser cruelmente obsedado.

Pode acontecer também que o médium tenha sua mediunidade suspensa por ordem superior, isto é, os diretores espirituais do médium resolvem cancelar-lhe a mediunidade, provisoriamente. Quando isso sucede, temos a considerar duas razões:

A MEDIUNIDADE SEM LÁGRIMAS

1.ª) Os diretores espirituais suspenderam a mediunidade para que o médium passe por um período de repouso, durante o qual sua organização físico-espiritual se reajusta e se fortalece, preparando-se assim para novos e acérrimos combates contra as trevas e para fecundos trabalhos no futuro.

2.ª) Por um erro do médium. O médium que se desvia do reto caminho, entregando-se a atos contrários à moral, pode ter sua mediunidade cancelada, por piedade de seus diretores espirituais, para que dela não lhe provenham males maiores.

Quando, independente de sua vontade, o médium perceber que sua mediunidade está suspensa, deve fazer um rigoroso exame de consciência. Se não descobrir nenhum desvio do reto caminho, é porque deverá passar por um período de repouso. Caso contrário, apressar-se-á a corrigir o erro que motivou sua suspensão, para novamente merecer os favores do Alto.

A LEI DA AFINIDADE FLUÍDICA

Os médiuns não podem servir de instrumento a todos os espíritos, indistintamente. As manifestações dos espíritos são reguladas pela lei da afinidade fluídica. Esta lei é a seguinte: — Para que uma manifestação se produza é preciso que o perispírito do médium tenha afinidade fluídica com o perispírito do espírito que se quer manifestar.

A lei da afinidade fluídica tanto rege as manifestações de efeitos físicos como as de efeitos intelectuais. Nos fenômenos de efeitos físicos, os fluidos emitidos pelo médium devem combinar-se com os do espírito manifestante; se não houver afinidade fluídica entre os dois, os fluidos não se combinarão e não se produzirão os fenômenos. Do mesmo modo, nas manifestações intelectuais, se os dois perispíritos, o do médium e o do espírito, não se ligarem por falta de afinidade fluídica, a comunicação não terá lugar, embora o espírito se encoste ao médium. Assim, pode acontecer que o espírito esteja presente à reunião, queira comunicar-se, mas não encontra o médium com o qual tenha afinidade fluídica; nesse caso, nem o espírito nem o médium poderão fazer algo para que haja a desejada comunicação.

Não confundamos a lei da afinidade fluídica com a lei da afinidade moral. Uma nada tem de comum com a outra. Entre um determinado espírito e um médium pode haver afinidade fluídica e não haver afinidade moral e pode haver afinidade moral e não haver afinidade fluídica. A afinidade fluídica depende da constituição do organismo espiritual do médium e da do espírito. A afinidade moral é a conseqüência do adiantamento alcançado pelo médium e pelo espírito.

OS FLUIDOS

Podemos iniciar o estudo dos fluidos por qualquer coisa: por uma pedra, por um pedaço de metal, por um vegetal, por um pouco de ar e por nosso próprio corpo, se o quisermos; porque tudo é composto de substâncias fluídicas que se combinam, solidificam e tomam formas mediante a ação das leis da Física e da Química e formam em nosso planeta os três reinos da natureza: o animal, o vegetal e o mineral.

Analisemos uma flor: é composta de substâncias fluídicas que se associaram de acordo com as leis da natureza. Ao aspirarmos o perfume da flor, aspiramos um fluido.

Examinemos um organismo humano: assim que o óvulo é fecundado inicia-se a operação da condensação de fluidos que lhe chegam através da alimentação materna. E nasce e para manter-se usa fluidos, quer em forma de alimentos quer no ar que respira. Quando se tornar um cadáver, observaremos que a putrefação o transformará: com o passar dos dias, ali onde havia ossos, carne, sangue, nervos etc., nada mais resta; as substâncias fluídicas que formavam aquele corpo voltaram ao reservatório universal; quando as leis naturais que as mantinham coesas e combinadas deixaram de atuar.

Pensa-se hoje que todos os fluidos sejam derivados de um único fluido, o qual, mediante a atuação de poderosas forças cósmicas, multiplica-se na variedade imensa de fluidos que enchem o espaço e de cujas combinações se origina o Universo. A esse fluido em seu estado primitivo e livre de qualquer modificação dá-se o nome de **fluido cósmico universal**. Os seres e as coisas, desde o

A MEDIUNIDADE SEM LÁGRIMAS

ínfimo micróbio da Terra aos radiosos mundos celestes estão mergulhados no fluido cósmico universal e são interpenetrados por ele. Fonte perene da vida, é uma dádiva do Pai celestial a todos os seus filhos que haurem no fluido cósmico universal o alimento por excelência para a economia de seus organismos, não só do organismo material como também do espiritual. Cada um o assimila de acordo com sua possibilidade orgânica e o recebe principalmente através da respiração.

Além dos fluidos do ambiente terreno, recebemos do Alto outros fluidos que emanam diretamente da esfera divina de Jesus, os quais são manipulados por ele e seus colaboradores. Chegam à Terra em forma de nuvens e trazem saúde, bem-estar, calma, resignação, coragem e alegria para todos; porém, são poucos os encarnados que se beneficiam integralmente desses fluidos: para que nosso perispírito esteja em condições de assimilá-los é necessário cultivar a pureza de pensamentos, palavras e atos. Essas nuvens de fluidos banham a Terra e constituem uma fonte inesgotável onde os espíritos curadores vão buscar os remédios espirituais para beneficiarem os doentes que se fizeram dignos de receber tais favores.

Assim como há o ar puro e balsâmico que tonifica há também os fluidos puros que nos revigoram e os fluidos impuros que nos abatem. A ação dos fluidos sobre nós é contínua. O pensamento é a força com a qual movimentamos os fluidos, atraindo-os e irradiando-os. Pensamentos puros movimentam fluidos puros; pensamentos impuros movimentam fluidos impuros. Se recebemos a dádiva celeste do fluido cósmico universal, independentemente de qualquer esforço de nossa parte, o mesmo não acontece com os outros fluidos. Recebemos os outros fluidos segundo a aplicação que dermos à nossa inteligência; inteligência moralizada, voltada ao bem, dá direito à recepção de fluidos benéficos; inteligência desmoralizada, isto é, entregue aos vícios e ao mal, só dá direito aos fluidos maléficos ao corpo e à alma.

A CURA PELO ESPIRITISMO

O Espiritismo não faz milagres; unicamente descobriu algumas das leis que regem os fluidos e as aplica em benefício da humanidade sofredora. As leis que já conhecemos são as seguintes:

1. *Uma moléstia é causada por fluidos impuros que foram assimilados pelo organismo, ou que se produziram nele.*
2. *Se retirarmos de um doente os fluidos impuros que o contaminam e em lugar deles colocarmos fluidos puros a cura se realizará. Este é o fundamento da cura pelo Espiritismo.*
3. *Um espírito conhecedor dos métodos da cura espiritual pode injetar em um corpo doente um remédio em forma fluídica.*
4. *Um espírito curador para tratar de um doente precisa de um médium que possua a mediunidade curadora, do qual retira o fluido magnético que serve de veículo aos remédios fluídicos.*
5. *A força que movimenta os fluidos é a força magnética, tanto mais forte quanto maior for a vontade do médium e a do espírito em realizarem a cura.*
6. *A vontade do médium junto com a vontade do espírito curador não bastam se não houver a vontade do doente para auxiliar a cura.*
7. *A vontade do médium aliada à vontade do espírito curador condensam e dirigem o fluido*

curativo; o doente pela sua vontade atrai para si a irradiação fluídico-magnética que o curará. No caso de estar o doente impossibilitado de agir por vontade própria — por exemplo uma criança — poderão substituí-lo na fé e nas orações os seus familiares.

8. *O Espiritismo não cura todas as doenças. O êxito do tratamento espiritual depende da fé viva alimentada pelo doente — ou seus familiares — e pelo médium.*

9. *Os focos que produzem os fluidos impuros causadores das doenças estão localizados no perispírito. O mal, os vícios e as paixões inferiores produzem manchas em nosso perispírito; dessas manchas se originam os focos de infecção que arruinarão nosso corpo nesta encarnação ou nas futuras; por isso, qualquer um de nós pode estar com seu perispírito manchado pelo péssimo modo de viver em encarnações passadas ou pode manchá-lo agora, se não souber viver dignamente. Procurando-se a causa de uma moléstia e não a encontrando na vida presente, a origem estará em uma encarnação anterior.*

10. *A condição essencial para que um doente mereça a cura espiritual é que se moralize. Adotando hábitos de higiene física e mental; procurando viver de acordo com os ensinamentos do Evangelho, o doente extingue em seu perispírito os focos de impurezas que arruinaram a saúde do corpo.*

11. *Todos os espíritos, encarnados e desencarnados, irradiam constantemente fluidos. Esses fluidos são tanto mais puros e poderosos quanto maior for o grau de adiantamento moral a que o espírito chegou.*

12. *Todos os espíritos, encarnados e desencarnados, assimilam fluidos. Os fluidos que um espírito assimila guardam estreita relação com os pensamentos que habitualmente alimenta.*

OS REMÉDIOS ESPIRITUAIS

Os remédios espirituais diferem radicalmente dos remédios materiais. Enquanto que o remédio material ataca a doença superficialmente, isto é, apenas na manifestação física, o remédio espiritual age diretamente sobre a causa profunda que originou a moléstia, isto é, sobre as manchas apresentadas pelo perispírito. O remédio material cura o corpo e não cuida do perispírito; portanto, se a doença tem sua origem no perispírito, a cura será apenas aparente e momentânea, porque enquanto persistir a mancha perispiritual, sempre se manifestará a doença, quer sob uma forma quer sob outra. O remédio espiritual dirige-se especialmente ao perispírito, porque estando curado o perispírito, necessariamente o corpo material estará curado. Já é sabido por todos que o corpo material é o reflexo do perispírito, nosso corpo espiritual. Daí podemos tirar a seguinte conclusão lógica: corpo espiritual saudável é igual a corpo material saudável; corpo espiritual doente é igual a corpo material doente.

Conquanto o doente tenha por dever lutar por integrar-se na posse de saúde material, não deve esquecer-se de que a doença, principalmente essas que não encontram cura na Terra, é um remédio enérgico para a cura de seu corpo espiritual. E alguns doentes necessitam de mais do que uma reencarnação dolorosa, a fim de que seu perispírito possa curar-se das tremendas manchas adquiridas em existências passadas.

Os remédios espirituais consistem em fluidos. Os fluidos são ministrados aos doentes por dois meios: pelo passe e pela água fluida. Os passes são aplicados pelos espíritos curadores, geralmente com o concurso de um médium curador. E a água fluida é a água comum fortemente impregnada de fluidos.

A bondade divina não depende dos homens para manifestar-se. Assim sendo, os doentes que não puderem contar com o auxílio de um médium curador para se beneficiarem, poderão receber em seu próprio quarto os remédios espirituais de que necessitam: terem seus passes e sua água fluida. Para isso, procederão da seguinte maneira: escolherão uma determinada hora diária, sempre a mesma; será uma hora em que estarão o mais livre possível das preocupações materiais; colocarão sobre a mesa um copo d'água; orarão fervorosamente a Deus e a Jesus pedindo que um mensageiro possa ministrar-lhes um passe e fluir-lhes a água. Não se esquecerão de estender o benefício da prece a seus irmãos que sofrem, quer encarnados quer desencarnados, certos de que o que pedirem para os outros isso mesmo receberão. Cinco minutos, mais ou menos, de prece fervorosa e de boa concentração, é o suficiente. Em seguida beberão a água confiantes em que estão ingerindo o remédio que lhes fará bem e que lhes foi transmitido um passe.

Os doentes incuráveis encontrarão profundo alívio se assim procederem. A resignação ante a prova ou expiação pela qual estão passando, a calma interior que passarão a desfrutar, lhes aligeirarão o pesado fardo e a Esperança brilhará em seus corações, clareando-lhes a estrada para a felicidade futura.

MÉDIUNS CURADORES

Os médiuns curadores são aqueles que possuem a mediunidade curadora. As pessoas dotadas dessa mediunidade podem curar um doente por meio de um passe ou de uma prece.

Os médiuns curadores irradiam abundantemente fluidos de alto poder magnético, dos quais os espíritos curadores se utilizam para a produção das curas e manipulação dos remédios fluídicos.

Usa-se a mediunidade curadora do seguinte modo: o médium concentra-se e pede a Deus que permita aos espíritos curadores que se apossem dos fluidos irradiados e os apliquem em benefício de todos os necessitados. Em seguida continuará concentrado por mais um ou dois minutos; é o suficiente para que se processe a cura ou o alívio dos doentes que se tornaram dignos de tal mercê.

Conquanto a mediunidade curadora seja um dom que se traz ao nascer, todos podemos ser médiuns curadores, porque todos nós possuímos a força magnética; é verdade que não a possuímos no alto grau que a possuem os médiuns curadores; porém, com boa vontade, fé na Providência Divina e intenso desejo de aliviar os que sofrem, é possível distribuir muitos benefícios espirituais. Podemos e devemos proceder do modo acima indicado e, com o pouquinho de fluidos magnéticos que cada um de nós fornecer, os espíritos curadores enxugarão muitas lágrimas.

A FÉ E A PRECE

Há duas forças poderosas com as quais facilmente movimentamos as reservas fluídicas que o Senhor pôs à nossa disposição. Estas duas forças, tanto mais potentes quanto mais manejadas, são a fé e a prece.

A fé deve ser uma fé racional, isto é, devemos saber por que é que temos fé. A fé racional se adquire pelo estudo das leis divinas, consubstanciadas no Evangelho e nos ensinamentos do Espiritismo. Ter fé é ter confiança em Deus; é saber que velando por nós, amparando-nos e protegendo-nos está a Providência Divina. Ter fé é entregar o nosso destino ao Pai que está nos céus, certos de que tudo que ele nos der, dores e alegrias, pobreza e riqueza, saúde e doença, tudo é para nosso bem; porque tudo servirá para o aperfeiçoamento de nossa alma. Ter fé em Deus é ser resignado na adversidade e humilde na prosperidade. Ter fé é ter a certeza absoluta de que nada de mal sucederá, se Deus não o permitir; e se ele permitir que nos sobrevenha algum mal é porque o merecemos; se não o merecêssemos o mal não nos atingiria. A fé é uma força de atração: atrai sobre nós o socorro divino e ajuda-nos a socorrer aqueles que solicitarem o nosso auxílio.

A prece é um ato de fé. Pela prece adoramos a Deus, agradecemos-lhe os favores que nos faz continuamente e pedimos-lhe o de que necessitamos. A prece nos liga a Deus. Quando oramos, nosso pensamento, como um raio luminoso, projeta-se pelo infinito e vai tocar as regiões de luz de onde nos chegam as bênçãos do Senhor. A prece desenvolve, aumenta e fortifica a nossa fé. A fé depende da prece e a prece depende da fé; é impossível separar uma da outra. A verdadeira prece se caracteriza pelos seguintes pontos: deve ser feita com carinho e amor; deve ser um impulso espontâneo de nosso coração. Orar apenas com os lábios nada significa; devemos sentir a nossa prece; é preciso que vivamos de acordo com ela; orar de um modo e viver de outro é próprio dos hipócritas. Se pedimos ao Senhor que perdoe os nossos erros, devemos nós também perdoar os erros dos outros. Se pedimos ao Senhor que nos livre do mal, é nosso dever não praticar o mal. Se oramos ao Senhor que não nos deixe cair em tentação, precisamos resistir a todas as tentações, quando elas se apresentarem em nossa vida. Se rogamos ao Senhor que nos dê o pão nosso de cada dia, providenciemos para que não falte o pão a nossos irmãos menos favorecidos, uma vez que isso esteja ao nosso alcance; porque a lei é esta: — Aquilo que quiserdes para vós, isso mesmo fazei-o aos outros. Façamos nossa prece diária; depois vivamos o resto do dia de modo tal que nossos atos, palavras e pensamentos sejam uma glorificação ao Senhor. Para que a prece não se torne monótona e quase que automática pelo hábito, procuremos um motivo para orar; é preciso que a prece tenha um objetivo. É facílimo encontrar motivos para nossas orações diárias; basta repararmos ao nosso derredor e em nós mesmos; por exemplo: sabemos que há discórdia em uma família? oremos para que a concórdia volte a reinar em seu seio; há doenças em um lar? oremos para que lhe volte a saúde; há alguém em dificuldades? oremos para que as possa vencer; um irmão desencarnou? oremos para que o Senhor lhe conceda a compreensão de seu novo estado; descobrimos em nós um defeito? peçamos ao Senhor que nos ajude a corrigi-lo; temos vícios? roguemos ao Senhor que nos conceda as forças e a boa vontade para ficarmos livres deles. Assim, todos os dias podemos arranjar nobres motivos para dirigirmos ao Senhor nossas preces.

E quando tivermos desenvolvido dentro de nós a fé viva e racional e aprendido a orar com o coração, seremos felizes e nos transportaremos aos planos superiores da espiritualidade.

NÃO ESPEREMOS TUDO DOS OUTROS

Para recorrermos ao Senhor não precisamos de intermediários. Os bens de Deus são para todos os seus filhos e cada um de nós pode pedir a ele o de que necessita, sem que haja a interferência de terceiros. Tenhamos iniciativa. O Senhor espera que nós nos movimentemos em direção ao Bem para enviar-nos o seu auxílio. Para fluirmos a água, para ministrarmos um passe, por que valermo-nos de estranhos, quando nós mesmos somos suficientes para fazê-lo? Dirijamos nossas preces, nossas súplicas, a Deus; ele é o Senhor e determinará qual o mensageiro que virá ajudar-nos e por qual meio seremos atendidos.

Sabemos que a água é um ótimo veículo para os remédios espirituais porque pode ser facilmente magnetizada e impregnada de fluidos curativos. Para a cura de enfermidades e conservação da saúde nossa e de nossos entes queridos, nada mais simples e natural do que empregarmos o método da cura pelo copo d'água; consiste no seguinte: todas as noites, antes de deitar, coloquemos à cabeceira um copo d'água e roguemos ao Senhor que permita sejam ali depositados os fluidos úteis à reparação de nosso corpo. De manhã, após nossas orações, bebamos a água cheios de fé. Preparemos a água para nós e para nossos filhos e, depois das preces em conjunto, daremos a água a todos, confiantes na Providência Divina.

Utilizemos também os passes. Todos possuímos a força magnética que pode ser grandemente aumentada pela fé e pela prece. Como é belo e nobre o ato de um pai, de uma mãe que coloca as mãos na cabecinha de seu filho e roga ao Senhor por ele! Como é santificante o ato do esposo e da esposa que usam os recursos divinos em benefício da família inteira! A esse respeito, leiamos uma página escrita por Léon Denis, em seu livro, "No Invisível":

— A vontade de aliviar comunica ao fluido magnético, propriedades curativas. O remédio para nossos males está em nós. Uma pessoa bondosa e sadia pode atuar sobre os seres débeis e enfermiços e regenerá-los pela imposição das mãos. A fé vivaz, a vontade e a prece amparam o operador e o doente; quando ambos se acham unidos pelo pensamento e pelo coração a ação curativa é mais intensa.

Livre de todo o móvel interesseiro, praticado com um fim de caridade, o magnetismo vem a ser a medicina dos humildes e dos crentes, do pai de família, da mãe para com os filhos e de quantos sabem verdadeiramente amar. Sua aplicação está ao alcance dos mais simples. Não exige senão a confiança em si, a fé no poder de Deus, que por toda a parte faz irradiar a força e a vida. Como o Cristo e seus apóstolos, como os santos e os profetas, todos nós podemos impor as mãos e curar, se temos amor aos nossos semelhantes e o ardente desejo de auxiliá-los.

Quando se considera todo o poder do magnetismo curativo e os serviços que já tem prestado à humanidade, sente-se que nunca é demasiado protestar contra as tendências dos poderes públicos, em certos países, no sentido de lhe embaraçar o livre exercício. Assim procedendo, violam-se os mais respeitáveis princípios, calcam-se aos pés os sagrados direitos do sofrimento.

O magnetismo é um dom de Deus. Regular-lhe o uso, evitar o abuso é justo. Impedir, porém, sua aplicação é usurpar a ação divina. É atentar contra a liberdade e contra o progresso da ciência. É fazer obra de obscurantismo.

A OBSESSÃO

A obsessão é o ato pelo qual um espírito persegue uma pessoa. Um espírito obsessor é sempre um espírito malévolo. Os espíritos bons não obsedam ninguém. Há quatro causas que dão origem às obsessões:

1.ª) Deficiências morais.

Sabemos que pela lei da afinidade moral cada um de nós participa de um grupo de espíritos cujos gostos e inclinações são iguais às nossas. Assim sendo, cada uma das imperfeições de nosso caráter atrai para junto de nós um espírito dotado da mesma imperfeição. Se além da afinidade moral existir também a afinidade fluídica, o espírito obsessor encontrará campo livre para agir sobre nós, isto é, influenciar-nos. É preciso notar que é a lei da afinidade moral que segura ao nosso lado os espíritos e não a lei da afinidade fluídica: a primeira seleciona nossos companheiros desencarnados e a segunda facilita-lhes a atuação.

2.ª) Vingança de inimigos desencarnados.

A segunda causa das obsessões manifesta-se quando possuímos inimigos desencarnados. Todos já tivemos muitas vidas. Já passamos pela fieira da ignorância e essa ignorância nos fez praticar muitas ações detestáveis; fez-nos ferir muitos de nossos irmãos. Quantos inimigos o orgulho, que é a forma mais terrível da ignorância, nos conquistou em existências anteriores e mesmo na atual?

Pois bem, se um nosso desafeto estiver desencarnado e ainda não aprendeu a transformar o ódio em amor, e nós, de nossa parte, nada fizemos para merecer o perdão, ele pode exercer sobre nós sua vingança, atormentando-nos pela obsessão. E no desejo feroz de se desforrar desmantela nosso lar, joga-nos no fundo de uma cama ou na cela fria de um hospício. O ataque nem sempre visa à pessoa obsedada. O obsedado muitas vezes é apenas um instrumento com o qual o obsessor martiriza seu inimigo. O espírito obsessor atua particularmente sobre uma pessoa para ferir a família toda. A pessoa atacada é portadora de mediunidade. Aproveitando-se dessa mediunidade, o obsessor comete seus desatinos. Acontece essa espécie de obsessão apresentar-se com todos os característicos da loucura e também em forma de moléstia que nada consegue curar.

3.ª) Mediunidade não desenvolvida.

A mediunidade não desenvolvida produz obsessões, porque as pessoas que possuem a mediunidade e não a desenvolvem são facilmente atuadas pelos espíritos perversos e ignorantes. Há indivíduos que resistem e embora freqüentemente molestados atravessam a vida; outros são mais fracos e, se não se desenvolverem, acabam obsedados. Os sinais do princípio dessa modalidade de obsessão estão descritos no capítulo: "O aparecimento da mediunidade".

4.ª) Mediunidade mal empregada.

A mediunidade mal empregada termina em cruel obsessão. O médium que não sabe cumprir seus deveres ou os cumpre movido pelo interesse pessoal, é abandonado pelos bons espíritos e se torna presa de espíritos criminosos, que não o deixarão ter sossego.

Um espírito obsessor nunca age só. Tal como os malfeitores encarnados se organizam em bandos para suas façanhas, também os obsessores andam em grupos, espalhando o sofrimento e inspirando o mal aos encarnados que se esquecem de orar e vigiar.

A CURA DA OBSESSÃO

A obsessão é uma doença espiritual e, por conseguinte, deve ser tratada espiritualmente. É melhor, quando se manifesta um caso de obsessão, procurar um Centro Espírita, cujos diretores já possuem a necessária experiência para cuidarem desta espécie de doença.

Procurado que seja o Centro Espírita, a família do obsedado não deve ficar inativa; é preciso que o tratamento seja auxiliado por todos. O concurso de toda a família é muito importante porque, como sabemos, nem sempre o visado é o obsedado, mas, sim, uma ou mais das pessoas que o cercam. Muitas vezes o obsedado é um simples instrumento com o qual o espírito obsessor fere aqueles dos quais guarda ressentimento.

A prece presta um auxílio valioso. Todos, obsedado e seus familiares, orem humilde e sinceramente, implorando o socorro divino; estudem o Evangelho e passem a viver de acordo com seus ensinamentos; armem-se de resignação e paciência e aguardem serenamente que a misericórdia do Senhor se manifeste. Esperando a ambicionada cura, não se esquecerão de orar também pelo espírito obsessor: a oração carinhosa toca-lhe o íntimo e o predispõe para o perdão e o amor. Não pensem, contudo, que a cura se efetuará da noite para o dia. É raro que o obsessor se regenere e deixe sua vítima logo durante as primeiras sessões; geralmente passa algum tempo antes que ele se converta. Podemos tomar como lei o seguinte: — Enquanto o obsedado e sua família não pautarem seu viver de conformidade com os ensinamentos do Evangelho, não poderão influir decisivamente sobre o espírito obsessor para afastá-lo e livrarem-se de sua influência.

Indicaremos os modos pelos quais se combatem as obsessões com êxito. Porém, é bom notar que a freqüência assídua a um Centro Espírita é indispensável:

Quando a obsessão é causada por deficiências morais é imprescindível que o obsedado reforme radicalmente seu caráter: se é dado aos vícios é preciso abandoná-los; se é mau e vingativo é preciso tornar-se bondoso; se é orgulhoso é preciso tornar-se humilde e tratar a todos fraternalmente. Em resumo: é preciso refrear as paixões até extingui-las e transformar as más qualidades em boas.

Os espíritos desencarnados que guardam alguma queixa contra nós, podem vingar-se obsedando-nos. Para evitar que isto suceda, tenhamos o cuidado de não fazer inimigos. Se acontecer que haja algum atrito entre nós e outrem, dentro do menor prazo possível, devemos desfazer a inimizade e transformá-la em estima. Nunca deixemos que o excessivo amor-próprio abafe nossos bons sentimentos. Concluímos, então, que o único remédio para curar as obsessões causadas por inimigos desencarnados é o perdão mútuo. Nas sessões espíritas, encarnados e desencarnados entram em explicações e se perdoam.

O remédio para a cura de obsessões motivadas pela mediunidade é o desenvolvimento dessa mediunidade. Logo que o obsedado desenvolva sua mediunidade a obsessão cessa.

Todos os médiuns que desvirtuam sua mediunidade perdem a proteção dos espíritos superiores e passam a ser perseguidos pelos espíritos inferiores que lhes causam a obsessão. É obrigação de um médium zelar ativamente para nunca perder tal proteção. Entretanto, se isso acontecer, empregará todos os esforços para regressar ao bom caminho e manterá o firme propósito de nunca mais errar.

A POSSESSÃO

Quando o espírito obsessor tem com sua vítima uma afinidade fluídica quase perfeita, a obsessão apresenta um aspecto muito mais grave, porque se transforma em possessão.

As irradiações fluídicas do possesso, combinando-se muito bem com as do espírito possessor, fazem com que os perispíritos dos dois se unam; em seguida, o espírito possessor paralisa a vontade do encarnado e, daí por diante, subjuga-o inteiramente, a ponto de se notarem no possesso duas personalidades: a dele e a do possessor.

Os característicos de um possesso são os de um louco furioso: corre pelas ruas, rasga a roupa, arroja-se ao chão, atira-se contra as pessoas, etc. Outras vezes fala sozinho durante horas, faz discursos ou mantém conversas absurdas.

A CURA DA POSSESSÃO

Cura-se a possessão, organizando-se sessões especiais para a doutrinação do espírito possessor. A estas sessões não se admitem assistentes, nem mesmo os familiares do doente. Escolhem-se médiuns apropriadamente bem desenvolvidos. O doutrinador, os médiuns e o possesso são os únicos que participarão dos trabalhos. O possesso será colocado à mesa, entre dois médiuns. É comum o possesso levantar-se, andar pela sala, querer fugir; é deixá-lo e firmar a concentração. O doutrinador doutrinará energicamente o espírito. Caso haja necessidade, o possesso poderá ser seguro firmemente; mesmo segurando-o, todos devem estar concentrados, o melhor possível.

Dificilmente se conseguirá um resultado satisfatório logo nas primeiras sessões. Somente ao cabo de algum tempo é que se notará que o espírito começa a ceder, tornar-se mais manso, sentir desejos de largar sua vítima e regenerar-se.

CONSIDERAÇÕES GERAIS SOBRE AS OBSESSÕES

Do exposto em capítulos anteriores concluímos que a obsessão não é propriamente um mal e sim é uma advertência, e muito séria, de que a vida do obsedado e a das pessoas que o cercam não está seguindo o curso normal: houve um desvio do reto caminho que conduz ao Pai, impõe-se uma retificação.

A causa principal que produz a obsessão é a falta de moralidade. O indivíduo moralizado não pode ser obsedado porque não oferece oportunidades para os obsessores atuarem.

A moralidade está toda contida no seguinte mandamento: AMEMOS A DEUS SOBRE TODAS AS COISAS E AO PRÓXIMO COMO A NÓS MESMOS.

Assim sendo, devemos ser: afáveis, corteses, bondosos, respeitadores dos direitos alheios, dos bens, e do modo de pensar dos outros; pacientes, humildes, mansos e pacíficos; obedientes às leis divinas e às humanas; indulgentes para com as faltas dos outros e rigorosos para com as nossas; por fim, tratar a todos como queremos ser tratados.

Corrigidas que sejam as imperfeições de nosso caráter, os espíritos obsessores se afastarão de nós: ou porque se regenerarão tocados pelo nosso exemplo, ou porque não encontrarão campo propício para agir.

Há casos em que um espírito antes de se encarnar pede que lhe seja permitido sofrer a prova da obsessão. Desse modo poderá mais facilmente encaminhar para o reto caminho a família no seio da qual se encarna; nesse caso a vantagem é dupla: de um lado, corrige velhos erros de existências passadas e, de outro, obriga indivíduos retardatários a abrirem os olhos para a luz, embora à custa de sofrimentos.

A obsessão é de fácil cura quando todos, animados de viva fé, procuram firmemente seguir as leis de Deus. Entretanto, se o orgulho, o preconceito e o comodismo falarem mais alto, nada poderá ser feito a favor do obsedado.

É importante notar que nem tudo é obsessão; nem tudo é causado pelos espíritos; é preciso cuidado em julgar um caso. Muitas vezes um indivíduo se obseda a si mesmo, com alimentar idéias absurdas, ambições desmedidas, ou se entregar a leituras perniciosas. Quantos encarnados não há por aí a viverem uma vida que lhes desequilibra o sistema nervoso? Recomendamos muita observação e análise, antes de alguém se abalançar a tratar de uma pessoa que apresenta os sinais de obsessão.

Um ponto que deve ser tomado em consideração para o bom êxito da cura é a distração do doente. Nunca deixá-lo entregue a seus pensamentos; fazê-lo sair, passear, andar, ir a divertimentos, dar-lhe serviços para executar; enfim, obrigá-lo a livrar-se, o mais possível, da influência dos espíritos que o obsedam.

Os obsedados estão sempre com os corpos encharcados de fluidos impuros que lhes injetam os espíritos obsessores; daí o fato de apresentarem sintomas de mal físico. Realmente, de tanto se banharem em fluidos impuros acabam por ficar com a saúde alterada e quase sempre com algum órgão abalado. Vemos, então, que uns obsedados se queixam de dores nas costas, outros no peito, outros na cabeça, no estômago, nas pernas etc. É que o efeito dos fluidos maléficos se fez sentir onde penetraram com mais facilidade. Há, por conseguinte, um duplo tratamento a tentar: — Primeiro, doutrinar o obsessor; segundo, retirar do corpo enfermo os fluidos impuros. Para expulsar do corpo enfermo os fluidos impuros usa-se a água fluida e os passes. O fluido magnético dos médiuns, sabiamente dirigido pelos espíritos curadores, atua como uma força repulsora que ao penetrar no corpo do obsedado expele os fluidos impuros. A água fluida deve ser ministrada continuamente ao obsedado; altamente magnetizada

A MEDIUNIDADE SEM LÁGRIMAS

age como um purgativo a cuja ação se desfazem os fluidos venenosos.

Não nos esqueçamos da prece. É ela que toca o íntimo do espírito obsessor e lhe modifica os sentimentos; fá-lo esquecer o passado e mais depressa sentir desejos de iniciar uma vida melhor.

E quando todos os espíritos, os encarnados e os desencarnados, estiverem esclarecidos; quando todos procurarmos seguir a Moral Cristã ditada por Jesus; quando cada um de nós compreender e aplicar em sua vida diária o sublime mandamento: — AMAI-VOS UNS AOS OUTROS, então não haverá mais espíritos obsessores nem pessoas obsedadas. Nessa época, ainda imersa nas brumas de um futuro um tanto longínquo, mas que há de se tornar um radioso presente, todos estaremos irmanados na santificadora tarefa de concretizarmos na Terra o reino dos céus.

A DOUTRINAÇÃO

A doutrinação desempenha importante papel na cura das obsessões. Doutrinar é demonstrar ao espírito obsessor o mal que está praticando, o nenhum proveito que está tendo com o seu péssimo modo de agir, lembrá-lo da necessidade que há de reformar seu caráter à luz dos ensinamentos de Jesus, a fim de gozar de um pouco de felicidade.

Doutrinar é evangelizar. Para que um espírito seja doutrinado é preciso que se comunique por meio de um médium falante; o doutrinador entabula conversa com ele e, durante a palestra, o exortará a se regenerar; estudará suas intenções e procurará desviá-lo de seus maus propósitos. É uma tarefa penosa, longa e fatigante. Raramente o obsessor resolve abandonar sua vítima logo, durante as primeiras sessões. Não devemos desanimar. À força de ser envolvido pelos benéficos eflúvios da prece, auxiliado pelo seu anjo da guarda, reconhecendo o erro em que laborava, o espírito obsessor acaba cedendo e, agradecido, se torna um dedicado amigo e colaborador. E a obsessão cessa.

Não julguemos, porém, que se não fossem doutrinados pelos encarnados os espíritos inferiores deixariam de progredir. Há no mundo espiritual escolas onde todos aprendem a seguir o reto caminho e instrutores dedicados que guiam os espíritos atrasados. Se o Senhor permite que haja a comunicação de espíritos é para que sirvam de lições aos encarnados, a fim de que aprendam a evitar os erros que lhes acarretarão as funestas conseqüências observadas nos espíritos sofredores.

QUALIDADES DE UM DOUTRINADOR

O doutrinador é a pessoa que doutrina. É o organizador da sessão e a ela preside. É também um médium do qual se servem os espíritos educadores para ensinarem e corrigirem não só os desencarnados como também os encarnados. A responsabilidade de um doutrinador é grande; é para sua pessoa que convergem os olhares dos habitantes dos dois mundos: da Terra e do espaço; por isso qualquer falha em sua vida repercutirá infalivelmente nos trabalhos espirituais que realiza. Por conseguinte, terá de viver pura, reta e dignamente; cumprirá religiosamente com todos os seus deveres espirituais e materiais que sua condição de encarnado lhe impõe. Para falar com autoridade aos espíritos obsessores, manter em respeito os perversos e brincalhões que povoam o espaço e merecer a assistência dos espíritos elevados, é preciso que o doutrinador seja possuidor de uma alta moralidade e de uma consciência tranqüila. Só a moralidade lhe dará poder sobre os espíritos maléficos e só por meio dela atrairá a si os espíritos esclarecidos que lhe secundam os esforços.

O doutrinador não se descuidará de sua instrução, porque é um instrutor e, para ensinar, deve saber. Estudará carinhosamente as obras fundamentais do Espiritismo; analisará e observará tudo, para não ser enganado pelos espíritos mistificadores; saberá inspirar confiança aos médiuns com os quais trabalha; que todos vejam nele o irmão seguro e capaz e se sintam amparados, fortificados, encorajados em sua companhia. Lutará tenazmente para que o Centro onde exerce sua ação seja um foco irradiante de amor, de simpatia, de instrução e de caridade.

A esse respeito, ainda podemos seguir as instruções que o apóstolo Paulo dá a seu discípulo Tito. Leiamos, mudada em linguagem moderna, a célebre carta apostólica de Paulo a Tito:

— Paulo, servo de Deus e apóstolo de Jesus, a Tito graça, misericórdia e paz.

Eu te deixei em Creta para que pusesses em boa ordem as coisas que ainda restam e de cidade em cidade estabelecesses diretores de Centros, conforme minhas instruções:

Aquele que for irrepreensível, casado, pai de filhos, que não possam ser acusados de dissolução nem desobedientes. Porque convém que o diretor do Centro seja de bom comportamento, como despenseiro da casa de Deus, não soberbo, nem iracundo, nem dado ao álcool, nem briguento, nem cobiçoso, nem jogador. Mas dado à hospitalidade, amigo do bem, moderado, justo, pacífico e temperante. Esforçando-se por viver de acordo com os ensinamentos do Evangelho, a fim de ter autoridade moral para ensinar os freqüentadores do Centro, onde exerce seu ministério, a viverem sãos na fé, não dando ouvidos a fábulas nem a superstições que os desviam da verdade.

Tu falarás o que convém à sã doutrina. Os velhos que sejam sóbrios, graves, prudentes, cheios de fé, de caridade e de paciência. As mulheres que sejam sérias no seu viver, não faladeiras nem intrigantes, mestras do bem, prudentes, que amem seus maridos e seus filhos, moderadas, castas, boas donas de casa, para que Deus seja glorificado nelas. Exorta do mesmo modo os moços a serem moderados, trabalhadores, honestos e estudiosos da doutrina.

Em tudo te dá por exemplo de bom comportamento. Na doutrina mostra incorrupção, gravidade, sinceridade, linguagem sã e **irrepreensível para que ninguém tenha o que dizer contra nós.** Exorta os empregados a que se sujeitem a seus patrões e que em tudo agradem, para que em tudo sejam ornamento da doutrina de Deus, nosso Criador. Porque a graça de Deus se há manifestado, ensinando-nos que, renunciando aos vícios e ao mau comportamento, vivamos sóbria**, justa e piamente, aguardando a felicidade** que nos foi prometida pelo Mestre no reino de nosso Pai.

Fala disto e exorta e repreende. Ninguém te despreze. Admoesta-os a que se sujeitem às leis da Terra,

A MEDIUNIDADE SEM LÁGRIMAS

obedeçam aos governos e estejam preparados para toda boa obra. Que a ninguém infamem, nem sejam litigantes, mas modestos, mostrando toda mansidão para com todos os homens.

Fiel é a palavra e isto quero que afirmes; os que crêem em Deus comportem-se bem, porque é proveitoso. Nunca entres em questões loucas, genealogias, contendas e em debates; porque são coisas inúteis e vãs.

Evita o homem obstinado no mal depois de uma e outra admoestação.

Saúdam-te todos os que estão comigo. Saúda tu os que nos amam na fé. A graça seja contigo. Assim seja.

OS CENTROS ESPÍRITAS

Um Centro Espírita é uma agremiação que tem por finalidade:
1. *A difusão dos ensinamentos de Jesus, consubstanciados em seu Evangelho e explicados à luz do Espiritismo.*
2. *A difusão do Espiritismo, que é uma doutrina que tem por bases a imortalidade da alma e a reencarnação dos espíritos.*
3. *A prática da caridade espiritual através dos passes, da água fluida e da prece.*
4. *O desenvolvimento da fraternidade universal pela extinção dos preconceitos de raças, de cor, de religiões e das classes sociais e de outras quaisquer barreiras que separam a família humana e a tornam infeliz.*
5. *O desenvolvimento do senso de responsabilidade de cada indivíduo, demonstrando que, pelo livre-arbítrio, cada um é responsável plenamente pelos seus atos, cujas conseqüências atingirão quem os pratica, mais cedo ou mais tarde.*

Um Centro Espírita é dirigido por duas diretorias: a diretoria terrena e a diretoria espiritual.

A diretoria terrena é composta de um grupo de pessoas de boa vontade, dotadas de idéias nobres que se reúnem para lutar pelo progresso espiritual da humanidade. A diretoria espiritual é composta de espíritos abnegados que lutam ao lado da diretoria terrena e lhe secundam os esforços.

Entre as duas diretorias reinará a harmonia, a fim de que os trabalhos não sejam perturbados pelas entidades malfazejas. Íntima e sincera amizade ligará os diretores terrenos e os espirituais porque são, de fato, amigos que habitam planos diversos e aos quais foi permitido congregarem-se para a realização de um ideal comum.

Para presidir ao Centro, escolhe-se sempre o irmão mais capaz, mais estudioso e que apresente as melhores garantias de que não falhará no desempenho da tarefa que lhe foi confiada.

Entre os médiuns é preciso que haja uma grande estima, nunca se julgando algum mais do que outro e lembrando-se de que do pequenino esforço de cada um resultará o engrandecimento de todos.

Enfim, um Centro Espírita é um templo de estudos, de fé, de oração e de trabalhos, onde encarnados e desencarnados, estudando as leis eternas que emanam do Senhor, assentam os alicerces de um mundo de compreensão e de amor.

AS SESSÕES ESPÍRITAS

Uma sessão espírita é uma reunião de pessoas unidas pelo desejo de praticarem a caridade espiritual.

Os elementos principais de uma sessão espírita são os médiuns. É por meio deles que os espíritos podem realizar seus trabalhos na Terra. Assim sendo, todos os médiuns devem prestar seu concurso para o inteiro êxito da sessão.

O ambiente de uma sessão espírita será simples, modesto e harmonioso. Não haverá a mínima distinção de pessoas, sendo um só o tratamento para todos. Reinará no recinto o máximo respeito.

As sessões serão realizadas em dias determinados da semana e sempre às mesmas horas; durarão de uma hora a uma hora e meia, quando muito. É conveniente escolher cuidadosamente um local sossegado e que favoreça a concentração.

Segundo o gênero de trabalho a realizar, as sessões se dividem em: sessões de propaganda, sessões de curas espirituais, sessões de curas de obsessões e sessões de desenvolvimento de médiuns.

CORRENTE E SEMICORRENTE

Quando os médiuns estão sentados à mesa e firmemente concentrados, emitem um forte fluxo de fluidos que se ligam e formam uma espécie de nuvem mais ou menos luminosa e altamente magnetizada: é a corrente magnética. Ela é fortificada pelos espíritos que velam pela sessão e constitui uma poderosa fonte de fluidos curadores.

Se, durante a sessão, um médium rogar ao Pai por uma pessoa que esteja enferma ou em aflição, os espíritos curadores podem fazer chegar até essa pessoa a força magnética capaz de curá-la ou aliviá-la. É o que se chama um passe a distância. Da mesma maneira, se os assistentes da sessão orarem com fé atrairão para si os benefícios que a corrente magnética lhes pode proporcionar.

A semicorrente é formada na primeira fileira, logo atrás dos médiuns, e é composta dos médiuns que não tiveram lugar na mesa e pelos doentes que necessitam serem banhados pelos eflúvios magnéticos que se irradiam diretamente da corrente.

AS SESSÕES DE PROPAGANDA

Como o próprio nome indica, as sessões espíritas de propaganda são aquelas que se realizam para difundir o Espiritismo. Admitem-se a essas sessões todos os que manifestarem desejo de assistir a elas.

À mesa tomam lugar apenas os médiuns capazes de prestar seu concurso aos espíritos que comparecerem para trabalhar em prol da humanidade.

Os espíritos curadores chegam para ministrar os passes e fluírem a água. Os espíritos educadores instruem os assistentes. E pronunciam magníficas preleções, cujos temas são, invariavelmente, a elevação moral de cada um, a melhoria do caráter, a aplicação dos ensinamentos do Evangelho, a correção de falhas que apresentamos em nosso modo de viver, e os fundamentos da doutrina espírita, tais como: a imortalidade da alma, a reencarnação, a lei da evolução espiritual, o porquê da vida, o fenômeno da morte, etc. Durante as sessões, os espíritos escrevem mensagens por meio dos médiuns escreventes, dirigidas a seus familiares que ainda estão encarnados e que eventualmente assistam a sessão. Os outros médiuns também não ficam inativos: os videntes vêem os espíritos, os audientes os ouvem, os inspirados recebem ótimas inspirações e os intuitivos sábias e úteis intuições. É nas sessões de propaganda que os oradores espíritas exercem suas atividades, pronunciando preleções repletas de benéficos ensinamentos.

Depois de todos terem ocupado seus lugares, a sessão é declarada aberta pelo presidente ou seu substituto; será lida a ata da sessão anterior. Em seguida, concederá a palavra ao orador da noite, o qual discorrerá sobre um ponto da doutrina espírita ou do Evangelho. Nas sessões de propaganda há também as leituras evangélicas. Os médiuns e os assistentes que quiserem tomar parte nelas trarão, cada um, o livro: "O Evangelho Segundo o Espiritismo", de *Allan Kardec*, e lerão, cada um por sua vez, um pequenino trecho da lição previamente marcada. Depois da leitura, um deles fará o comentário da lição lida. É conveniente que seja designado para comentar o trecho evangélico em cada sessão um dos irmãos; assim haverá oportunidade para todos estudarem e falarem nas sessões de propaganda. O resultado é ótimo, porque todos os assistentes ouvirão a leitura e o comentário e facilmente aprenderão o Evangelho.

Terminada a preleção e a leitura evangélica, será feita a prece de abertura; os médiuns receberão seus protetores; por meio dos médiuns falantes se manifestam os espíritos que o desejarem. Seguem-se os passes espirituais; todos dirigem seus pedidos ao Pai, rogando-lhe que permita sejam levados lenitivos a todos os sofredores. Os que estão presentes à sessão recebem seus passes, no momento em que estão concentrados e orando; um ou dois minutos de profunda concentração é o suficiente. Encerra-se a sessão com uma prece de agradecimento a Deus.

Estas sessões devem revestir-se de um aspecto festivo e o ambiente cheio de alegria. Fraternal estima reinará entre todos.

AS SESSÕES DE DESENVOLVIMENTO DE MÉDIUNS

Estas sessões são organizadas para o estudo dos fenômenos espíritas e para o desenvolvimento da mediunidade dos futuros médiuns. Não se permitem assistentes a estas sessões. A elas só assistem os interessados que são os médiuns desenvolvidos e os em desenvolvimento.

Formam-se estas sessões do seguinte modo: a cabeceira da mesa é ocupada pelo doutrinador; à sua esquerda e à sua direita e na ponta da mesa serão colocados médiuns bem desenvolvidos. Os outros médiuns desenvolvidos e os em desenvolvimento ocuparão os restantes lugares da mesa, tendo-se o cuidado, caso for possível, de intercalar um médium desenvolvido com um em desenvolvimento. Será lida a ata da sessão anterior. Em seguida serão explicados os fenômenos mediúnicos e trechos do Evangelho. Serão feitas perguntas aos presentes sobre pontos da doutrina espírita e do Evangelho. As explicações e as perguntas terão por principal finalidade a formação moral e intelectual dos médiuns. Em outras palavras: os médiuns deverão ser instruídos de maneira tal que se tornem conscientes de seus deveres e responsabilidades. Terminada a lição, fazem-se as preces de abertura e os médiuns já desenvolvidos receberão seus protetores. Isso feito iniciam-se os exercícios para o desenvolvimento da mediunidade.

A segunda parte da sessão, o doutrinador dedicará à doutrinação de nossos irmãos atrasados que se manifestarem por meio dos médiuns desenvolvidos. Freqüentemente se manifestam irmãos violentos e revoltados e com acentuada propensão para o mal. Cumpre ao doutrinador

A MEDIUNIDADE SEM LÁGRIMAS

esclarecê-los e induzi-los a melhorarem seu estado pela prática do bem e pela submissão à vontade de Deus. Às vezes não bastam somente boas palavras: é necessário empregar energia e autoridade para reduzi-los à obediência. Durante estas sessões práticas, recomendamos a máxima concentração para que os espíritos atrasados respeitem o lugar em que se acham e mais facilmente ouçam os conselhos que os instrutores espirituais lhes ministrarem.

Os médiuns são donos de seus corpos e por isso não devem deixar que os espíritos os sacudam e os tratem violentamente; bastam resistir para que os espíritos nada façam. Cada médium receberá um único espírito. Quando todos os médiuns tiverem trabalhado, receberão novamente seus protetores e o doutrinador encerrará a sessão por meio de uma prece.

As sessões de estudo e de desenvolvimento de médiuns são utilíssimas: mostram-nos os diversos aspectos do mundo espiritual e a posição em que lá se encontra grande número de espíritos. Revelam-nos várias leis que regem os dois mundos: o espiritual e o material e a relação que há entre os dois planos da natureza universal. Permitem-nos também que empreguemos uma parcela de nossos esforços na melhoria espiritual de nosso planeta, dando-nos a sublime oportunidade de trabalharmos para o levantamento moral de nossos irmãos ignorantes.

Muitos espíritos procuram mistificar durante estas reuniões; nelas é que se impõe ao doutrinador um profundo senso de análise e de observação e um alto padrão de moralidade.

AS SESSÕES DE CURAS ESPIRITUAIS

Um espírito moralizado é um espírito são: por isso o corpo em que habita é são também. Todo o espírito desmoralizado é um espírito enfermo. Um espírito enfermo torna enfermo o corpo em que está encarnado. O Espiritismo veio ensinar-nos estas verdades e concitar-nos a que nos moralizemos.

A doença é a medicina do espírito; quando ela se manifesta é porque houve um erro, quer nesta quer em anteriores encarnações: enquanto não se corrigir o erro que a motivou, o sofrimento não abandonará o indivíduo. Devemos curvar-nos submissos à vontade do Senhor, compenetrados de que a dor é um remédio amargoso, porém, necessário.

Entretanto, o Senhor não nos proíbe de lutarmos contra o sofrimento, de minorá-lo, de aliviá-lo ou de fazê-lo desaparecer. Nós não nos corporificamos na Terra para sofrer e sim para aprender. Se o sofrimento nos atinge é porque nós nos tínhamos afastado do caminho que conduz a Deus. Deus, que é Amor e Providência para seus filhos, não nos deixaria sofrer, se o sofrimento não redundasse em proveito de nosso desenvolvimento espiritual.

O Espiritismo instituiu as sessões de curas espirituais. Os remédios usados são os fluidos que se ministram aos doentes por meio dos passes e da água fluida.

As sessões de curas espirituais formam-se assim: a mesa é ocupada pelos médiuns bem desenvolvidos e com grande capacidade de concentração. Logo atrás deles, formando um círculo ao redor, sentam-se os enfermos. Em seguida, também em círculos, sentam-se as outras pessoas que estão bem de saúde e que vieram assistir à sessão e ajudar com suas preces. No centro da mesa, colocam-se tantos copos d'água quantos sejam os doentes a tratar. Ao lado de cada copo d'água, em um papelzinho, escrevem-se os nomes dos doentes; desse modo, na hora da distribuição cada doente receberá seu copo d'água certo, sem perigo de troca.

Abrindo a sessão, o presidente fará uma preleção, explicando a finalidade dela e transmitirá ensinamentos morais a todos; explicará o mecanismo das curas espirituais e que o remédio fluídico de cada doente será colocado em seu copo d'água; procurará comunicar a todos uma fé viva e ardente. Feita a prece de abertura, cada médium receberá seu protetor. Depois disso, o presidente rogará a todos, médiuns, doentes e assistentes que elevem a Deus o pensamento, concentrem-se firmemente e façam uma prece mental. Essa prece será um pedido ao Senhor para que permita aos espíritos curadores que se apossem dos fluidos magnéticos irradiados e os transformem em remédios para os males dos que sofrem. A concentração e a prece durarão dois ou três minutos; é o suficiente para que os espíritos curadores recebam as forças para tratarem dos doentes, ministrar-lhes os passes, fluírem a água. Estas sessões durarão, no máximo, meia hora.

É interessante saber-se que durante as sessões de curas, os espíritos curadores aproveitam a ocasião para curarem doentes que estão muito longe do Centro e que os componentes da sessão nem sequer sabem que existem. É a caridade pura pregada pelo Mestre: fazer o bem em segredo para que nosso Pai que nos vê em segredo nos dê a recompensa. E é tão em segredo esse benefício praticado pelos espíritos curadores que os beneficiados não têm a mínima idéia de onde lhes veio a cura.

Terminada a concentração, os médiuns recebem seus protetores, os quais, geralmente, comentam os trabalhos realizados e dão úteis conselhos aos enfermos. Encerra-se a sessão com uma prece de agradecimento ao Pai, e o presidente dará a cada enfermo o seu copo d'água, dizendo sem vacilar e cheio de confiança: — Em nome de Jesus, nosso médico e Mestre, toma esta água e fica curado.

Há doentes que se curam logo na primeira sessão; outros levam algum tempo. Tudo é questão de fé e merecimento aos olhos de Deus.

AS SESSÕES DE CURAS DE OBSEDADOS

Quando uma pessoa se torna vítima de espíritos obsessores, há necessidade da intervenção de terceiros que lhe prestem o auxílio indispensável para livrar-se deles. Somente a vontade do obsedado não basta porque seus perseguidores o envolvem numa camada de fluidos impuros que lhe obscurecem a mente e lhe paralisam a ação. É preciso, portanto, socorrer-se de pessoas esclarecidas e que compreendam seu estado, para acudi-lo com o remédio eficaz.

O remédio é a doutrinação dos espíritos obsessores, fazê-los renunciar a seus maus propósitos e convertê-los em amigos.

Para curar-se a obsessão organizam-se sessões especialmente para esse fim. São sessões delicadas e exigem de quem as dirige grande experiência e muita moralidade. Grande experiência, porque terá de enfrentar espíritos insidiosos que tudo farão para enganar; e muita moralidade, para poder falar-lhes com autoridade. Quanto ao obsedado, é conveniente tratá-lo com prudência, porque os espíritos obsessores tudo farão para desviá-lo do Centro e procurarão intensificar a nefasta influência que exercem. A estas sessões não se admitem estranhos: somente os interessados diretos assistirão a elas. Escolhem-se os médiuns mais preparados. Iniciam-se os trabalhos por uma fervorosa prece; os médiuns recebem seus protetores; em seguida, um de cada vez, dará entrada aos espíritos para serem doutrinados. Encerra-se a sessão com o recebimento dos protetores dos médiuns, os quais, geralmente, deixam conselhos sobre o que se deve fazer em benefício do obsedado.

A MEDIUNIDADE SEM LÁGRIMAS

Nem sempre algumas sessões serão suficientes. Há casos em que se necessitam muitas delas para se obterem resultados satisfatórios. Tenhamos perseverança, muita perseverança.

É recomendável que o obsedado faça uso diário de água fluida que ajudará a expulsar de seu organismo os fluidos impuros que o encharcam.

As sessões de curas de obsedados são barulhentas. Os espíritos obsessores comparecem contra a vontade e revoltados; os médiuns não os deixarão fazer barulho nem bater. Lembremo-nos de que quem manda em nosso corpo somos nós e, fàcilmente, dominaremos os movimentos desordenados do espírito que se manifesta.

CONSIDERAÇÕES GERAIS SOBRE AS SESSÕES ESPÍRITAS

As sessões espíritas bem orientadas nos proporcionam quatro espécies de assistência: a social, a intelectual, a moral e a religiosa.

Assistência social: Tratando dos obsedados; esclarecendo os espíritos atrasados que gravitam na atmosfera de nosso planeta; e indicando aos enfermos a cura espiritual de seus males, as sessões espíritas contribuem para o bem-estar de todos os adeptos do Espiritismo e para a melhoria das condições gerais da Terra.

Assistência intelectual: Pelos inúmeros problemas que apresentam, as sessões espíritas aguçam nossa curiosidade e nos obrigam ao estudo das grandes leis de relação entre o nosso plano e o dos espíritos, promovendo assim o desenvolvimento de nossa inteligência e aumentando nosso saber.

Assistência moral: As explicações da Moral Cristã e sua aplicação em nossa vida diária melhoram nosso comportamento e nos tornam cidadãos conscientes de nossos deveres e libertos de vícios.

Assistência religiosa: Pelo lado religioso, as sessões espíritas nos ensinam o meio mais rápido e fácil de nos aproximarmos do Pai e a ele nos ligam pelos sentimentos que despertam em nosso íntimo. Substituem os dogmas, as pompas, as práticas exteriores, os que vivem do altar, as imagens e os paramentos pelo culto em espírito e em verdade que devemos a Deus, nosso Pai.

A MEDIUNIDADE SEM LÁGRIMAS

Mais tarde, em um futuro talvez mais próximo do que pensamos, as sessões espíritas serão magníficas assembléias, onde encarnados e desencarnados se reunirão para trocarem idéias e traçarem grandiosos planos de progresso.

O BOM TRABALHADOR

A todos nós, se tivermos realmente a vontade de ser úteis, a Terra oferece um imenso campo de trabalhos, de realizações e de progresso. Todos temos possibilidades de realizar alguma coisa: a cada um foi confiada uma tarefa. Sejamos bons trabalhadores.

A mediunidade é rica de méritos para o futuro, com a condição de ser bem empregada. Se nós nos servimos dela consoante a vontade do Senhor, fácil será aos espíritos fazerem com que a humanidade se esclareça, em menor espaço de tempo. Lembremo-nos sempre de que em qualquer parte que a bondade de Deus nos colocar, por mais humilde que seja o ambiente onde exercemos nossa ação, reais serviços poderemos prestar.

Nunca forcemos ninguém a aceitar nossas idéias; ensinemos primeiro aos que se achegarem a nós desejosos de aprender.

Revelemos a todos as sublimes verdades do Espiritismo: a Imortalidade da alma, a Reencarnação, a Fraternidade, a paternidade comum que temos em Deus, nosso Pai.

Seja o nosso modo de viver uma luz a iluminar os nossos irmãos mais atrasados. Seja a nossa vida um exemplo prático e palpável do Evangelho de Jesus.

Procuremos esforçadamente socorrer os que implorarem a misericórdia do Senhor. Nunca deixemos de dar de graça o que de graça recebemos.

Desempenhemos devotadamente nossos deveres humanos: sejamos bons patrões, bons chefes, bons empregados, bons amigos, bons irmãos, bons filhos, bons esposos e bons pais. Seja a nossa família um modelo de virtudes. Sejam nossas relações sociais impregnadas da mais alta moralidade.

Cuidemos de nossa mediunidade com amor e carinho. Ela nos dará a felicidade futura.

Evangelizemo-nos a nós próprios. Nós também somos espíritos em doutrinação aqui na terra.

Não ambicionemos excessivamente as coisas da Terra e não as desprezemos levianamente. Saibamos dar a cada coisa o seu justo valor. Confiemos no Senhor. Ele nos dará o necessário. Digno é o trabalhador de seu salário.

A mediunidade não nos dará as honras da Terra e exigirá de nós a máxima abnegação, o máximo devotamento. Sejamos firmes no cumprimento de nossos deveres na seara do Mestre. A nossa recompensa não está neste mundo.

Não há sopro que apague uma luz que o Senhor acendeu no mundo. Por isso, não tenhamos medo dos incrédulos, nem dos que estão contra nós: não percamos tempo com eles; um dia, a morte os colherá e, então, verão com os próprios olhos aquilo que negavam.

Confessemos firmes e abertamente nossa crença; não a reneguemos; sejamos fiéis até o fim.

O Mestre declarou que não veio trazer paz à Terra, porque a maioria das criaturas não o compreenderia. Assim é o Espiritismo: chamando a atenção da humanidade para os ensinamentos de Jesus, combatendo os preconceitos de raças, de religiões e de classes sociais; desmascarando a hipocrisia e verberando os vícios; chamando cada um ao cumprimento de seus deveres e à responsabilidade de seus mínimos atos, é natural e lógico que tenha granjeado inúmeros inimigos e detratores. O Espiritismo trará a paz e a união ao mundo, mas, por enquanto, será motivo de escândalo.

Lembremo-nos de que por pequenina que seja nossa mediunidade, se com ela conseguirmos enxugar uma única lágrima, não perderemos nossa recompensa e seremos contados no número dos bons trabalhadores.

CONCLUSÃO

Acabamos de estudar as leis físicas e morais que regem a mediunidade. Já sabemos que a mediunidade é simplesmente um sentido que todos possuímos e cuja aplicação depende unicamente de nós. Um médium não é um ser privilegiado: é uma pessoa que aprendeu a usar de sua faculdade mediúnica.

Embora em todas as épocas tenha havido médiuns, estava reservado aos nossos tempos a disseminação e a popularização das práticas mediúnicas, não só porque a humanidade está mais esclarecida, mas, também, porque os organismos humanos, sendo mais maleáveis, mais flexíveis, mais delicados, permitem aos espíritos maior liberdade de ação.

A mediunidade, como tudo o que há no Universo, também está sujeita à lei da Evolução. A princípio, os corpos grosseiros de nossos antepassados, pesados e extremamente materiais, nenhuma liberdade ofereciam aos espíritos que se encarnavam. É verdade que os espíritos eram primitivos e não entendiam ainda nada de espiritualidade. Passaram os tempos. Os corpos tornaram-se menos brutos, mais leves. Os espíritos que se encarnavam vinham mais esclarecidos e mais espiritualizados. Começou então a haver maior facilidade para o uso da mediunidade e maior interesse pelas coisas do mundo espiritual. Primeiro, foram as manifestações grosseiras dos fenômenos físicos; depois, as manifestações intelectuais em cuja fase estamos. Não pararemos aqui. Evoluiremos sempre. Dia virá em que nosso sentido mediúnico estará tão apurado como nossa visão e audição hoje. Desaparecerão todas as barreiras que nos separam dos planos espirituais. Apoiados na mediunidade que no futuro não terá mistérios para ninguém, caminharemos mais firmemente para as moradas felizes do reino de Deus.

Não há santos e não há milagres. As lições que estudamos dão-nos a chave de todos os prodígios realizados por indivíduos que viveram em todas as épocas e em todas as nações. Dotados de poderosa mediunidade atraíam os sofredores e, aliviando-lhes os males, pregavam a Fé, a Esperança e a Caridade. Depois a ignorância dos povos e a exploração dos sacerdotes os converteram em santos. E suas curas, efetuadas de conformidade com as leis da natureza, e o concurso fraterno dos espíritos, foram tidas por milagres. O Espiritismo, explicando racionalmente os fatos e revelando a faculdade mediúnica que possuímos, deu um golpe de morte aos milagres e acabou com os santos.

De agora em diante não mais santos; não mais milagres; mas médiuns esclarecidos e espíritos do bem irmanados na santa tarefa de cuidarem da seara do Senhor.

SUMÁRIO

	Págs.
CONSELHOS OPORTUNOS	3
O AMOROSO APÉLO	5
A COMUNICAÇÃO ENTRE OS ENCARNADOS E OS DESENCARNADOS	7
A MEDIUNIDADE	8
OS MÉDIUNS	10
MÉDIUNS DE EFEITOS FÍSICOS	12
MÉDIUNS FALANTES	14
MÉDIUNS ESCREVENTES	16
MÉDIUNS AUDIENTES	17
MÉDIUNS VIDENTES	18
MÉDIUNS INTUITIVOS	19
MÉDIUNS INSPIRADOS	20
DÁ DE GRAÇA O QUE DE GRAÇA RECEBESTE	21
O APARECIMENTO DA MEDIUNIDADE	22
O DESENVOLVIMENTO DA MEDIUNIDADE	24
EXERCÍCIOS	26
OS HABITANTES DO MUNDO ESPIRITUAL	30
A LEI DA AFINIDADE MORAL	33
HIGIENE FÍSICA E MENTAL	35
O PROTETOR DO MÉDIUM	37
QUALIDADES DE UM BOM MÉDIUM	39
O QUE FAZ UM MÉDIUM FRACASSAR	41
A SUSPENSÃO DA MEDIUNIDADE	43
A LEI DA AFINIDADE FLUÍDICA	46
OS FLUIDOS	48
A CURA PELO ESPIRITISMO	50
OS REMÉDIOS ESPIRITUAIS	52
MÉDIUNS CURADORES	54
A FÉ E A PRECE	55
NÃO ESPEREMOS TUDO DOS OUTROS	57
A OBSESSÃO	59
A CURA DA OBSESSÃO	61
A POSSESSÃO	63

	Pág.
A CURA DA POSSESSÃO	64
CONSIDERAÇÕES GERAIS SOBRE AS OBSESSÕES	65
A DOUTRINAÇÃO	68
QUALIDADES DE UM DOUTRINADOR	69
OS CENTROS ESPÍRITAS	72
AS SESSÕES ESPÍRITAS	74
CORRENTE E SEMICORRENTE	75
AS SESSÕES DE PROPAGANDA	76
AS SESSÕES DE DESENVOLVIMENTO DE MÉDIUNS	78
AS SESSÕES DE CURAS ESPIRITUAIS	80
AS SESSÕES DE CURAS DE OBSEDADOS	82
CONSIDERAÇÕES GERAIS SÔBRE AS SESSÕES ESPÍRITAS	84
O BOM TRABALHADOR	86
CONCLUSÃO	88

Impresso por :

Graphium
gráfica e editora

Tel.:11 2769-9056